古代稅賦

歷代賦稅與勞役制度

易述程 編著

崧燁文化

U0070437

目錄

序言 古代稅賦

上古時期 初稅畝田

夏商西周賦稅與徭役 ⋯⋯⋯⋯⋯⋯⋯⋯⋯⋯⋯ 8

春秋時期的稅制 ⋯⋯⋯⋯⋯⋯⋯⋯⋯⋯⋯⋯ 14

戰國時期的稅制 ⋯⋯⋯⋯⋯⋯⋯⋯⋯⋯⋯⋯ 21

先秦時期的徭役征發 ⋯⋯⋯⋯⋯⋯⋯⋯⋯⋯ 28

中古時期 賦役成制

秦代完整的賦役制度 ⋯⋯⋯⋯⋯⋯⋯⋯⋯⋯ 36

漢代體系化賦稅制度 ⋯⋯⋯⋯⋯⋯⋯⋯⋯⋯ 45

漢代減輕徭役的措施 ⋯⋯⋯⋯⋯⋯⋯⋯⋯⋯ 50

三國時期賦稅與徭役 ⋯⋯⋯⋯⋯⋯⋯⋯⋯⋯ 56

兩晉賦稅制度與徭役 ⋯⋯⋯⋯⋯⋯⋯⋯⋯⋯ 62

南北朝時期賦役制度 ⋯⋯⋯⋯⋯⋯⋯⋯⋯⋯ 68

隋代賦稅制度與徭役 ⋯⋯⋯⋯⋯⋯⋯⋯⋯⋯ 74

唐代賦稅制度與徭役 ⋯⋯⋯⋯⋯⋯⋯⋯⋯⋯ 80

近古時期 順勢建制

五代十國的賦役制度 ⋯⋯⋯⋯⋯⋯⋯⋯⋯⋯ 90

宋代賦稅制度及徭役 ⋯⋯⋯⋯⋯⋯⋯⋯⋯⋯ 96

遼西夏金賦稅和徭役 ⋯⋯⋯⋯⋯⋯⋯⋯⋯⋯ 101

元代賦稅和徭役制度 ⋯⋯⋯⋯⋯⋯⋯⋯⋯⋯ 109

古代稅賦:歷代賦稅與勞役制度

目錄

近世時期 應時改化

明代賦稅制度及轉化 ⋯⋯⋯⋯⋯⋯⋯⋯⋯⋯ 118

清代定額化賦稅制度 ⋯⋯⋯⋯⋯⋯⋯⋯⋯⋯ 131

清代獨特的旗人兵役 ⋯⋯⋯⋯⋯⋯⋯⋯⋯⋯ 139

序言 古代稅賦

文化是民族的血脈，是人民的精神家園。

文化是立國之根，最終體現在文化的發展繁榮。博大精深的中華優秀傳統文化是我們在世界文化激盪中站穩腳跟的根基。中華文化源遠流長，積澱著中華民族最深層的精神追求，代表著中華民族獨特的精神標識，為中華民族生生不息、發展壯大提供了豐厚滋養。我們要認識中華文化的獨特創造、價值理念、鮮明特色，增強文化自信和價值自信。

面對世界各國形形色色的文化現象，面對各種眼花繚亂的現代傳媒，要堅持文化自信，古為今用、洋為中用、推陳出新，有鑑別地加以對待，有揚棄地予以繼承，傳承和昇華中華優秀傳統文化，增強國家文化軟實力。

浩浩歷史長河，熊熊文明薪火，中華文化源遠流長，滾滾黃河、滔滔長江，是最直接源頭，這兩大文化浪濤經過千百年沖刷洗禮和不斷交流、融合以及沉澱，最終形成了求同存異、兼收並蓄的輝煌燦爛的中華文明，也是世界上唯一綿延不絕而從沒中斷的古老文化，並始終充滿了生機與活力。

中華文化曾是東方文化搖籃，也是推動世界文明不斷前行的動力之一。早在五百年前，中華文化的四大發明催生了歐洲文藝復興運動和地理大發現。中國四大發明先後傳到西方，對於促進西方工業社會發展和形成，曾造成了重要作用。

中華文化的力量，已經深深熔鑄到我們的生命力、創造力和凝聚力中，是我們民族的基因。中華民族的精神，也已

古代稅賦：歷代賦稅與勞役制度

序言 古代稅賦

深深植根於綿延數千年的優秀文化傳統之中，是我們的精神家園。

總之，中華文化博大精深，是中華各族人民五千年來創造、傳承下來的物質文明和精神文明的總和，其內容包羅萬象，浩若星漢，具有很強文化縱深，蘊含豐富寶藏。我們要實現中華文化偉大復興，首先要站在傳統文化前沿，薪火相傳，一脈相承，弘揚和發展五千年來優秀的、光明的、先進的、科學的、文明的和自豪的文化現象，融合古今中外一切文化精華，構建具有中華文化特色的現代民族文化，向世界和未來展示中華民族的文化力量、文化價值、文化形態與文化風采。

為此，在有關專家指導下，我們收集整理了大量古今資料和最新研究成果，特別編撰了本套大型書系。主要包括獨具特色的語言文字、浩如煙海的文化典籍、名揚世界的科技工藝、異彩紛呈的文學藝術、充滿智慧的中國哲學、完備而深刻的倫理道德、古風古韻的建築遺存、深具內涵的自然名勝、悠久傳承的歷史文明，還有各具特色又相互交融的地域文化和民族文化等，充分顯示了中華民族厚重文化底蘊和強大民族凝聚力，具有極強系統性、廣博性和規模性。

本套書系的特點是全景展現，縱橫捭闔，內容採取講故事的方式進行敘述，語言通俗，明白曉暢，圖文並茂，形象直觀，古風古韻，格調高雅，具有很強的可讀性、欣賞性、知識性和延伸性，能夠讓廣大讀者全面觸摸和感受中華文化的豐富內涵。

肖東發

上古時期 初稅畝田

在中國歷史上的上古時期夏商西周出現的十一稅和土貢，標誌著奴隸社會賦稅制度雛形的形成。齊國的「相地而衰徵」，魯國的「初稅畝」和「作丘甲」，使奴隸制生產關係逐漸解體。

戰國時期的賦稅改革，將前一時期的改革成果推向新階段，奠定了封建制度的物質基礎，體現了稅制改革的探索精神。

先秦時期的徭役（包括力役和兵役）等，在朝廷建設和鞏固國防方面，發揮了極為重要的作用。

▊夏商西周賦稅與徭役

■夏禹畫像

　　賦稅和徭役是實現朝廷職能的重要工具。夏商西周是中國歷史上三個奴隸制王朝，被稱為「三代」。三代在氏族社會及其變種，也就是井田制的基礎上建立了貢助徹賦稅制度。

　　貢助徹賦稅制度的產生，對朝廷的鞏固和發展意義重大，它加強了朝廷政權的鞏固，同時維護了宗法統治秩序，促進了奴隸經濟的發展。

　　夏代作為中國歷史上第一個奴隸制社會，建立了與其相應的比較完備的賦稅制度。夏代的田賦徵收有兩種，一種是按田土的農產品產量徵收定額的田賦；一種是根據各地的特產貢納土特產品。

相傳夏禹在治水之時，即觀察土地，識別土質，把田地按高低、肥瘠情況分為九等，又根據使用的情況規定了賦稅等級。據史籍記載，夏代把全國分為五個區域，在王城之外，每兩百五十公里為一區，根據各區距離王城的遠近和運輸負擔，確定繳納物品的精、粗。

賦稅的比率，一般是收穫量的十分之一。因年成有好壞，夏代的做法是將相鄰幾年的收穫，求出一個平均數，作為貢賦定額。不分災年、豐年，都要繳納規定數量的糧食。所以，夏代的稅收，實際上是一種農業定額稅。

除了上述的賦外，夏代朝廷收入的另一個重要來源是土貢，各地諸侯、臣屬向夏國王貢納的土產、珍寶。

根據《史記·夏本紀》和《尚書·禹貢》的記載，當時地方諸侯、方國、部落向夏王上交的貢物主要是其所在地的特產，諸如絲、銅、象牙、珠玉等。

這裡面又分常貢和臨時貢納，後者一般是那些難得的物品或新鮮果品。為了保證稅收的執行和夏王朝有穩定的收入，夏朝廷已經發明並使用石、鈞等衡器來徵收賦稅。

夏代的賦稅說明，中國奴隸制朝廷建立後，曾經及時採取法律形式確立朝廷賦稅制度。

商朝仍沿襲夏朝的貢制，但商朝有自己的田賦制度，這就是助法。助法是建立在井田制度基礎上的一種田賦制度。

在商代實行的是井田制度，《孟子》記載：「殷人七十而助。」據朱熹解釋：以六百三十畝的土地，分為九塊，每塊七十畝，中為公田，八家共耕；外為私田，八家各授一區。

古代稅賦：歷代賦稅與勞役制度

上古時期 初稅畝田

納稅的形式，是使八家之力助耕公田，以公田所獲交公。私田不再納稅。

這種田賦的性質，實是上一種借民力助耕的勞役地租。這種以租代稅的形式實際上是對勞動力的直接征發。

助法的稅率，《孟子》說是十一稅率，朱熹推算是九一稅率。因為每家負擔的是八分之一，即百分之十二點五，比十一稅率要高。

此外，商朝也有土貢制度。政治家伊尹受商王之命所做的《四方獻令》中規定：受封諸侯要定期或不定期向商王朝貢納當地的土特產品。

周朝基本上是沿襲了夏商的賦稅制度。西周仍實行井田制，在此基礎上推行「徹法」。據《漢書·食貨志》記載：一井之內的所有人家，通力協作耕種，均分收穫物，以其中百畝的收穫物作為田賦上繳給朝廷，稅率約為十一而稅，這就是徹法。

徹法同助法一樣，也建立在井田制的基礎上。但徹法的徵收同助法有所不同。首先，授地畝數不同；其次，夏代是定額稅，周代則採取比例稅形式；最後，它能多收多得，有利於調動勞動者的積極性。可見，徹法比貢法要進步得多。

周朝的貢法，是各國諸侯和平民，定期向周天子獻納物品的制度。貢納是各諸侯應盡的義務。

西周的周公旦把封國按照「公侯伯子男」五個爵位來區分高低。西周的貢法要求：屬地為兩百五十公里的公需要貢二分之一；屬地分別為兩百公里和一百五十公里的侯和伯需

要貢三分之一；屬地分別為一百公里和五十公里的子和男需要貢四分之一。

貢法同時規定，貢品都是實物。上繳的貢物必須按時繳納，否則就會受到懲罰。

除了上述田賦和貢納制度外，周王朝還出現了關市稅。這一稅制的出現是有一定歷史背景的。

中國古代手工業發展得早，當時的手工業和商業都屬官辦，故不徵稅。去市場上交換的物品，在關卡上只檢查是否有違禁事例，而不徵稅；在市場上也只對市肆收點管理費。

至西周後期，由於農業的剩餘生產物和手工業產品的交換活動日益增多，在官營手工業和官營商業之外，出現了以家庭副業形式的私營個體手工業和商業，商人活動的範圍已不是幾十千米、上百千米的小範圍，而是來往於各諸侯國乃至海外。

針對這種情況，朝廷一方面出於保護農業勞動力的需要，對從商之人加以抑制；另一方面，也是為了滿足日益增加的財政需求。因此，需要對參加商品交換的物品徵稅。

西周的關市稅指的是關稅和市稅。古代的關，主要指陸路關卡，或設於道路要隘之處，或設於國境交界之處；其作用是維持治安和收稅，即有雙重作用。

市稅是指對開設的商舖等進行徵收，實際上是費的性質。

據史載，有質布、罰布、廛布等名目。布就是當時的貨幣。質布是買賣牛馬兵器等，朝廷給予貿易契券，並收取稅

金和契紙的成本費。罰布是對犯市令者的罰款。廛布是對商人儲存貨物的店鋪所收的費。

西周關市方面的賦稅用「布」即貨幣來交納，意味著西周時貨幣經濟已開始發達起來。

周朝還有一項山澤稅，即對山林、園池水澤所產所徵的稅。包括山林所出的獸皮、齒、羽翮，池澤所出的魚、鹽等物所收取的實物。

夏商西周三代有一種寓懲於徵的措施，即罰課。

罰課規定，凡不勤勞生產，或不完成生產任務的，都要受到加稅或服徭役的處罰。對於住宅地旁不種桑麻者，閒居而不參加生產者，都要交納數額不等的錢款或者服徭役。

徭役是朝廷無償徵調各階層人民所從事的勞務活動。

夏商西周三代的徭役規定，平民要負擔一定的徭役，隨時服從朝廷的徵調，即使是貴族，也有服兵役的義務。

三代的徭役包括力役和軍役等。其力役主要是讓人民從事勞役活動，軍役是讓壯丁入伍從軍，保衛朝廷安全。

商朝初年禁止力役。商湯剛剛立國時，吸取夏代滅亡的教訓，告誡他的諸侯群後，禁止無故勞役人民。但至商紂王時，勞役繁重。比如強迫百姓為他逐鹿台，迫使百姓到深山密林去獵取野獸等。

周朝的力役有明確規定。一般是一戶一人，任務是跟隨諸侯、大夫從事狩獵、追捕盜賊以及運送官物等事。服役的日數一般為一年三天，少者一天，如遇災荒年則不服勞役。

服役的年齡，國中之民自二十歲至六十歲。對於特權階級都免役，如聖賢之人、有能力的人、老人、有疾病的人等。

再如，西周的卿大夫之家的庶民，往往集中在公子的采邑裡。這些庶民，長年在田間勞作，到秋收完畢，才能與妻兒一同過冬。

在過冬時，他們要為公子田獵，剝製獸皮，釀造春酒，收藏冰塊以及從事其他各種勞役。他們的妻女同樣是公子的僕人，要為公子進行採桑、養蠶、織帛、縫製衣裳等勞作。

周代的軍役稱為軍賦，一般是七家出一人服兵役，按規定輪換。

佔井田一區之地者，要出戰馬一匹，外加牛三頭；佔井田四區為一甸，需要出戰馬四匹，兵車一乘，牛十二頭，甲士三人，卒七十二人，干戈武器也由自己準備。

由此可見，周代將軍役與賦稅相結合，這是周代財政的特點。

總之，夏商西周三個奴隸制王朝實行貢賦制，是賦稅制度的雛形；而三朝的徭役，在一定意義上為朝廷建設和國防安全造成了不同程度的作用。

閱讀連結

伊尹被稱為「中華廚祖」。他在平民時就以才能和廚藝高超而名聞四方，商湯聽說後，向他詢問天下大事。

　　伊尹從烹調的技術要領和烹調理論，引出治國平天下的道理。他建議商湯要吸取夏代滅亡的教訓，勤修德政，減輕人民的勞役，減少賦稅額度，讓百姓休養生息，發展生產。

　　商湯聽後心悅誠服。後來，商湯尊伊尹為宰相，並在他的輔佐下，討伐夏桀，建立了商朝。伊尹由此成為中國奴隸社會唯一的平民出身的聖人宰相。

▌春秋時期的稅制

■ 齊桓公雕像

　　春秋時期的各國賦稅制度改革，具有十分重大的意義：

　　一方面，隨著春秋時期經濟關係的新變化，促使奴隸制的逐漸走向解體，這就為封建制度的相繼出現奠定了基礎，保護了新興地主階級的合法權益。

另一方面，改革成果標誌著一種新的賦稅制度正在形成。

春秋時期，各諸侯國的社會經濟顯著發展，荒地大量開墾，私田數量不斷地增加，收穫量也快速增漲，井田制開始崩潰。

井田制是奴隸社會朝廷財政收入的重要計算單位，井田制的廢弛，標誌著奴隸制開始瓦解。隨著諸侯、卿大夫勢力開始擴張，齊國、晉國、魯國等國對朝廷財政提出了新的要求，分別對賦稅制度進行改革，形成春秋時期的稅制改革浪潮。

春秋時期的賦稅制度改革，首先在齊國進行。齊國是東方的一個大國。西元前六八五，齊桓公即位，任用管仲改革內政。其中，屬於田制、田賦方面的改革是實行「相地而衰征」。即根據土地好壞或遠近分成若乾等級，按等級徵收田賦。

「相地而衰征」的意思是：按勞動力平均分配全部耕地，包括公田；在此基礎上，實行按產量分成的實物地租制。總之，每畝土地的租額，按土地的好壞和產量的高低而有輕重的差別，就是「相地而衰征」的含義。

平均分配全部耕地就是把地分配給農戶耕種，變集體勞作為分散的一家一戶的個體獨立經營。分地以耕，農民深知產量的多少，直接關係到自己收入的多寡、家庭生活的好壞，故能由不情願的被動勞動變為自覺勞動，大大激發了生產者的積極性、創造性和責任心。

古代稅賦：歷代賦稅與勞役制度

上古時期 初稅畝田

　　按產量定地租，就是按土地質量測定糧食產量，把一部分收穫物交給朝廷，其餘部分留給生產者自己。據《孫子兵法》佚文《吳問》所記載的什伍租率，大概反映了齊國朝廷與農民「分貨」的比例。也就是說，齊國農民所上繳的部分與所留部分都應各佔一半。

　　管仲的做法是：按土地的肥瘠、水利的豐枯等條件給土地分等，從而確定租稅額。比如，高旱地和低濕地的租稅額要減去幾成。

　　通常情況下的「常征」，就是按照標準土地的產量，按照對半分成的比例來計算租稅額。但對於次等土地的租稅額，就按標準土地的標準產量對半分成後，再從朝廷所得的一半中減去幾成。這樣徵收租稅，不論是豐年還是歉年，農民都會為多獲的收入而自覺勞動。

　　「相地而衰征」以實物稅代替了勞役稅。勞役稅是勞動者集體以無償勞動的形式繳納，農民沒有生產積極性，更談不上發揮創造性了。而由實物稅取代勞役稅，情形就不大一樣了。

　　實物稅是一家一戶分別繳納的，而且稅額在一定時期內相對比較穩定，多產多得，耕作者為增加產量就會起早貪黑，盡力耕作。

　　齊國透過「相地而衰征」，使實際計繳的稅款佔相對應的應稅銷售收入的比例大體均等，從而調動了生產積極性，也有利於緩和階級矛盾。

　　同齊國改革財政的同時，晉國也進行了改革。

西元前六四五年秦晉之間發生戰爭，晉惠公被俘。晉國在大臣的主持下「作爰田」，即把休耕地賣給大家，以獲得民眾的歡心，爭取有更多的人服軍役。這種辦法，開創了以後按軍功給田宅的先例。

西元前五九四年，魯國正式推翻過去按井田徵收賦稅的舊制度，改行「初稅畝」。即不分義田、私田，凡佔有土地者均必須按畝交納土地稅。

井田之外的私田，從此也開始納稅，稅率都為產量的百分之十。與此同時，在認可了土地私有的前提下，憑藉朝廷政治權力向土地所有者徵收的稅賦。

魯國「初稅畝」改革，是夏商西周三代以來第一次承認私田的合法性，是一個很大的變化。「初稅畝」的實行承認了土地的私有。也就是說，初稅畝更接近於現代的稅收。所以大多數研究者傾向於把魯國的初稅畝作為中國農業稅徵收的起點。

西元前五九〇年，魯國對軍賦的徵收也做了相應的改革，實行「作丘甲」。即即一丘之田要出過去一甸之田的軍賦，丘中之人各按所耕田數分攤。

西元前四八三年，魯國季康子又實行「用田賦」，軍賦全部按土地征發。

西元前五三八年，鄭國實行「作丘賦」，即按田畝徵發軍賦，一丘出馬一匹、牛三頭。

古代稅賦：歷代賦稅與勞役制度

上古時期 初稅畝田

　　西元前五四八年，楚國令尹子木對田制和軍賦進行了整頓。根據收入的多少徵集軍賦，從而打破了奴隸社會舊軍賦的限制。

　　西元前四〇八年，秦國實行相當於魯國「初稅畝」性質的「初租禾」，就是在法律上承認了土地佔有者對所佔土地擁有所有權，使大批佔有私墾田地的地主和自耕農成為土地的合法主人。

　　春秋時期，在各個國進行賦稅制度改革的同時，也對交易方式進行了改革，對部分商品實行專賣。

　　在當時，隨著農業的發展，手工業生產得到進一步擴大，也促進商業的繁榮。據記載，鄭國商人的足跡，南至楚，北至晉，東至齊，即是說，活動的範圍包括黃河、長江流域；越國有大夫范蠡棄官經商，成為巨富，號稱「陶朱公」。這時，商人的財力，能和諸侯分庭抗禮。

　　各國為了穩固統治，有必要限制貴族特權，平衡負擔，減輕稅負，主要目的還在於集中財力，富國強兵，以成霸業。所以在對田制、田賦徵收進行改革的同時，一些重要物資的生產和經營也由朝廷控制起來。

　　春秋時期的專賣政策，以齊國管仲施行得最早，最徹底，也最有效。

　　對於鹽鐵實行專賣，管仲認為，食鹽是日用必需品，一家三口人，一月需鹽十升左右；經過粗略估算，萬乘之國吃鹽的人達千萬，如果每升加兩錢，一月可得六千萬錢，這比徵人口稅多一倍，可見把鹽管起來財政收益是十分大的。

而且，實行專賣，朝廷收入多而民不會受驚擾。如果用加稅的方法，則會引起人們普遍不安，對朝廷安定反而不利。

　　管仲認為：有效地控制對外貿易，不僅是獲取高利，抑制豪商乘時牟利兼併的手段，同時也是保護本國財物不致外流的重要方法。

　　因此，齊國食鹽專賣的具體做法，是民製與官制相結合。在農閒時節，朝廷命民製鹽，由朝廷包收，儲存。在農忙時節，農民轉入農業生產。等到鹽價上漲至十倍之時，再由朝廷運到梁、趙、宋、衛等不產鹽之國去銷售，則朝廷獲利豐厚。

　　鐵也是人們的生活必需品，管仲設想：每根針加價一錢，三十根針加價的收入就可等於一個人一個月的口稅；一把剪刀加六錢，五把剪刀的收入也等於一個人的人口稅；如果一個鐵製耜農具加價十錢，則三個耜的收入等於一個人的人口稅。以此相論，管仲認為，專賣利益勝於課稅。

　　管仲認為五穀不僅是人們生活不可缺少的東西，在社會經濟中，還佔著支配地位。所以，管仲主張朝廷應透過徵稅、預購等方式掌握大量的穀物，藉以作為財政收入的重要來源。

　　對於山林出產的木材，包括薪炭林和建築用材林，管仲也主張由朝廷進行控制，因為山林藪澤是國有的。透過定期開放，限制採用，徵收稅收，從而達到增加財政收入的目的。

　　為了壯大本國經濟實力，管仲對食鹽、黃金、穀物等重要物品，也主張由朝廷控制，等這些物價上漲後，然後拋售出去，坐取幾倍的厚利。

古代稅賦：歷代賦稅與勞役制度

上古時期 初稅畝田

　　為了保證專賣政策的推行，朝廷下令禁止隨意開採資源。對違禁者，規定了很重的懲罰措施。

　　他透過推行「官山海」的政策，即設官管理山海及其他重要物資，使朝廷掌握了人們生活的必需品，使財政收入有了穩定、可靠的來源。

　　朝廷掌握了具有策略意義的糧食和鹽、鐵，不僅打擊了富商大賈投機兼併活動，維護了統治階級的利益；同時為齊國加強軍備、稱霸諸侯奠定了物質基礎。

　　上述這些改革充分說明，奴隸社會的賦稅制度，已不適應社會生產力發展的需要，它在各國已經開始崩潰。朝廷承認土地私有，新的生產關係的形成，井田制的開始崩潰，意味著在奴隸制度上打開了一個缺口。隨著新的封建生產關係的形成，一種新的、適合封建生產關係需要的朝廷賦稅制度開始形成。

閱讀連結

　　齊國大夫鮑叔牙和管仲的友情很深。

　　管仲曾經表述過：

　　我曾和鮑叔一起做生意，分錢財，自己多拿，鮑叔牙卻不認為我貪財，他知道我貧窮啊！我曾經多次做官，多次被國君辭退，鮑叔牙不認為我沒有才能，他知道我沒有遇到時機。我曾經多次作戰，多次逃跑，鮑叔牙不認為我膽怯，他知道我家裡有老母親。我曾經被囚受辱，鮑叔牙不認為我不

懂得羞恥，他知道我不以小節為羞，而是以功名沒有顯露於天下為恥。生我的是父母，最瞭解我的是鮑叔牙！

戰國時期的稅制

戰國時期農業和手工業的發展，要求在更大範圍內，承認私田的合法性，允許土地自由轉讓和買賣。

耕作技術的推廣和應用，不僅是農用動力的一次革命，而且有助於農業勞動力的解放，同時提高了耕作效率。

戰國時期的變法，改變了舊的徵稅辦法，整頓了賦稅制度，增加了朝廷稅收收入，為各國壯大實力參與群雄競爭打下了良好的基礎。

■春秋戰國時期運糧畫像磚

戰國時期各諸侯國變法運動的主要措施，往往都是與社會其他方面特別是經濟方面的改革同時進行的，而賦稅改革始終處在整個社會改革的核心位置。

古代稅賦：歷代賦稅與勞役制度

上古時期 初稅畝田

　　如廢井田與土地租稅制度的建立，以及重農抑商政策的目的與商業手段融為一體，都屬於賦稅範疇，充分體現了各國朝廷的稅收意圖，含有賦稅改革的內容。

　　戰國時期，各國賦稅制度不一，不能一概而論。當時參與賦稅制度改革的，有魏國、楚國、秦國、趙國等諸侯國。各國的改革各有成就，也各有特色，在中國賦稅史上書寫了一段非凡的篇章。

　　魏國在魏文侯即位後，先後任用李悝、翟璜、樂羊、西門豹等封建政治家、思想家進行社會改革。其中，比較突出的是西元前四〇六年李悝所進行的改革。

　　李悝主要經濟政策有：「廢溝洫」、「盡地力」、「善平糴」。這三項政策與賦稅的關係最大。

　　「廢溝洫」，就是廢除井田制，實行土地私有制，將土地分給農民耕種。

　　確立土地私有制之後，李悝開始「盡地力」。具體來講，就是朝廷依據土地的肥瘠程度，按等級把土地分配給農民，每個農民可分好田一百畝或次田兩百畝，授田的農民要向朝廷繳稅，負擔勞役。

　　李悝認為，透過勤勞種田，能使一畝地增產斗糧食，一百平方里的地區就可增產糧食一百八十萬石。這是一個十分好的措施。他還發展農田水利事業，改進耕作技術，以充分調動勞動者積極性。

這樣，土地潛力得到挖掘，農業發展了，以農為本的朝廷賦稅隨之增加，朝廷財政也就充裕了。因此，他要求農民努力耕作。

李悝還專門設置農官教育和監督農民種田，對增產的人進行獎賞，對減產的人進行處罰。

由於土地私有的出現，也造成了貧富不均的情形。這主要是商品貨幣關係的發展，商人對糧食操縱的必然結果。商人操縱糧食的方法是賤價向農民買入，高價賣給人民，因而使農民願意再耕作。

因此，李悝又實行了一種「善平糴」。即由朝廷控制市場，防止糧價受價格波動的影響。

「善平糴」的做法是：把好年成分為上中下三等，災年成也分為上中下三等。

豐收年按年成的豐收情況，朝廷收購多餘的糧食。歉收年則按歉收的程度，朝廷拿出收購的糧食平價賣出。上等歉收年賣上等豐收年收購的糧食，中等歉收年賣出中等豐收年收購的糧食，下等歉收年賣下等豐收年收購的糧食。這樣，遇到飢饉之年，商人也不能抬高糧價了，農民也就有心思繼續耕作了。

中國古人很早就懂得利用價格槓桿進行宏觀調控。李悝的「善平糴」取得了很好的效果，使魏國的經濟得到迅速發展，政權得以鞏固，成為戰國初年最強盛的朝廷。

在楚國，舊貴族勢力較大，在改革過程中，地主階級同奴隸主貴族勢力的鬥爭十分激烈。西元前三八三年，楚王下

古代稅賦：歷代賦稅與勞役制度

上古時期 初稅畝田

令求賢，執行變法。西元前三九〇年左右，吳起由魏入楚，主持變法。

楚國的賦稅制度，主要包括軍賦、田稅、地租、戶口稅和關市稅等幾種形式。

軍賦以加強朝廷軍事實力為目的；田賦則以增強朝廷經濟實力為旨歸；地租制度一開始便與中原諸夏不盡相同，至戰國中期，已成為新興地主階級向農民轉嫁自己沉重賦稅負荷的重要手段；戶口稅是以戶為徵稅單位，以口為收稅標準；關市稅的特點是向巨商大賈傾斜，這是楚國為刺激商品經濟的發展而採取的讓利政策。

當時的楚國，由於貴族掌握了朝廷的政治經濟大權，對新興地主階級十分不利，為此，吳起強令把貴族遷到邊遠地方去，以充實荒遠之地。他還提出「損有餘，補不足」的措施，節省和合理國庫資財。

「損有餘」是革除一些世襲封君的特權，精簡朝廷機構，把無能的、無用的和不急需的官裁減掉；「補不足」是把節省下來的錢用於扶植地主階級。至於遷徙貴族，既收回了他們原有的封地，又有利於土地的開發，這對財政有好處。

秦國早在秦簡公時就實行了「初租禾」，秦孝公即位後，任用商鞅進行變法。在改革中，商鞅的主要經濟措施就是廢除井田和獎勵耕織的政策。

「廢井田、開阡陌」是商鞅在經濟上推行的重大舉措。「開阡陌」就是把標誌土地國有的阡陌標記去掉，廢除奴隸制土地國有制，實行土地私有制。從法律上廢除了井田制度。

這項法令規定，允許人們開荒，土地可以自由買賣，賦稅則按照各人所佔土地的多少來平均負擔。此後秦朝廷雖仍擁有一些國有土地，如無主荒田、川澤及新佔他國土地等，但後來又陸續轉向私有。這樣就打破奴隸制的生產關係，促進了封建經濟的發展。

商鞅推行重農抑商的政策。這一政策規定，生產糧食和布帛多的，可免除本人勞役和賦稅。因棄本求末，或游手好閒而貧窮者，全家罰為官奴。商鞅還招募無地農民到秦國開荒。

為鼓勵小農經濟，商鞅還推行小家庭政策。規定凡一戶有兩個兒子，到了成人年齡必須分家獨謀，立生，否則要出雙倍賦稅，禁止父親與成年的孩子繼續在一起生活。這些政策有利於增殖人口、征發徭役和戶口稅，鞏固封建統治的經濟基礎都有重要意義。

商鞅還把山林川澤收歸朝廷所有，按土地多少徵收賦稅，按人口徵稅，增加了朝廷的經濟實力；按人口徵兵，也有利於建立朝廷武裝力量。

此外，為了便於經濟交流和便於朝廷徵稅，商鞅還統一度量衡的標準。商鞅變法為秦朝最後統一奠定了基礎。

與秦國商鞅變法後實行重農抑商的政策不同，趙國一貫推行農工商並重的政策，允許民營工商業的發展，允許集市貿易的開設，朝廷則依法收取工商稅。這樣，既活躍了市場，發展了經濟，朝廷也可充實府庫，積累財富。

古代稅賦：歷代賦稅與勞役制度

上古時期 初稅畝田

　　趙國在軍隊駐紮的地方還設立「軍市」，任民買賣而收取租稅。軍市上徵收的市租可供軍官與軍隊享用，士兵可以在軍市上買到生活日用品，同時對軍市也有管理的種種規定。

　　為了貫徹實施經濟政策，趙惠文王任命趙奢為田部吏，就是負責收取農業租稅的官員，以整治某些宗室貴族依仗權勢不繳租稅的腐敗狀況。

　　躊躇滿志的趙奢不斷大刀闊斧推行稅制改革，杜絕大戶的各種偷漏行為，減免一般百姓苛捐雜稅，幾年工夫，趙國成功達到民眾富庶、國庫充實，並躋身「戰國七雄」的行列。

　　事實上，戰國時期各國財政改革對公室貴族等守舊勢力的打擊很直接又沉重，打擊越是直接沉重，舊勢力的仇恨反撲越厲害。比較嚴重的是商鞅改革時遇到的阻力。

　　在當時，正當大批秦國百姓聚眾國都質疑商鞅新法的緊要關頭，當時的秦國太子嬴駟在其老師公子虔和公孫賈及舊貴族甘龍爪牙的鼓動縱容下犯了法。這件事不僅是蓄意的，而且明顯極富挑釁，被新法觸犯了既得利益的舊勢力希望借此給商鞅施加壓力，使其退卻。

　　事態很嚴重，商鞅即刻準備處罰太子，但太子的君王后嗣，不可施刑。於是，商鞅刑便懲罰了太子的老師公子虔和公孫賈。

　　這件事說明新舊兩派已進入「火拼」階段，太子背後的舊勢力不惜讓太子以身試法，可見舊勢力的強大和孤注一擲。但商鞅不惜與太子結仇，不避權貴實行鐵腕嚴刑鎮壓，震懾

了朝廷權貴和秦國百姓。這件事平息下去，各處反對派舊勢力都不敢觸犯新法了。

縱觀戰國時期各國變法的方方面面，都會透過賦稅的徵收、力役的負擔、朝廷資源的管理、軍費和俸祿的供給，甚至物資的流通和價格的調整等反映到財政上來。

因此，賦稅改革必然成為各朝各代朝廷圖新圖強的核心改革。而改革家們那種銳意改革的精神，成為中國古代賦稅改革留給我們的寶貴精神財富。

閱讀連結

趙奢是戰國時期趙國依法治稅的典範。

他被趙惠文王任命為負責收稅的官員後，上任不久就發現趙國老百姓的稅都能很快收上來，但豪族巨富們偷稅漏稅的問題卻很嚴重。於是，趙奢與他們展開了針鋒相對的鬥爭。

有一次趙奢到一個富戶家去收稅，管事的家人仗著主子的大名，硬是不肯交稅，還指揮一幫人和趙奢他們對抗起來。趙奢及時依法進行了處置，並處死了帶頭鬧事的家人。從此以後，趙國的稅賦公正合理，適時按量收繳，誰也不敢抗稅了。

▊先秦時期的徭役征發

■ 先秦時期諸侯朝覲圖

中國古代的徭役就是無償為朝廷勞動，這是封建社會國民進行義務的一種，它包括力役和兵役兩個方面。

在先秦時期，力役和戰爭是普遍存在的社會現實。力役在朝廷基礎設施建設和維護國內秩序等方面，發揮了重要作用。

在弱肉強食的激烈戰爭中，國不富則無稱雄之本，兵不強則無爭霸之力。因此，這二者是相互促進的。

「力役」一詞最早見於《孟子·盡心下》的「力役之徵」。狹義的力役就是指正常征發的勞役和戍邊，廣義的力役還包括刑徒、罪犯等所服的勞役。力役是先秦時期取民之力的統稱，是征發眾庶所服的無償勞役。

先秦時期，力役的範圍包括築城修路、開河築堤、運輸物資等大規模基礎設施建設，此外還有田獵、逐捕盜賊、喪葬、祭祀等雜役，用以維護社會生活秩序。

綜合先秦時期文獻記載，力役之法有以下規定：

在人數方面，一家有七人則三人服力役；如果是六人之家，則由兩個六口之家合出五人服力役；五人則兩人服力役。大規模徵發力役時，每家只征一人，其他人為餘夫，也就是用作預備。田獵或逐捕盜賊時，則凡屬服力役的人要全部出動。

在年齡方面，居住在都城內的「國人」自二十歲至六十歲需服力役，遠離都城居住的「野人」自十五歲至六十五歲需服力役。

在時間方面，力役的日數因年歲而定。一般來說，青年三日，中年兩日，老年一日，災荒瘟疫之年則免除力役。

按照養老、攜幼、恤孤的原則，先秦對力役也有減免的規定。據《管子》記載說，如果一家有七十歲以上的老人，可以免除一個男子服力役；如果有八十歲的老人，可以免除兩個男子服力役。

如果當兵的人在戰場上陣亡留下遺孤，有人願意養活一個孤兒的話，可以免除一個人的力役和兵役；如果養活兩個孤兒的話，可以免除兩個人的力役和兵役；如果養活三個孤兒的話，全家人都可以免除力役和兵役。

先秦時期，由於戰爭的頻繁，各諸侯國開始設置常備兵制度，其主要任務是為朝廷駐守邊境。特別是隨著郡縣的設

古代稅賦：歷代賦稅與勞役制度

上古時期 初稅畝田

置，建立郡縣兵役制度，確保兵力的人數。郡縣徵兵制，就是以郡縣為單位的徵兵制度。

春秋時期，各級貴族都有宗族成員和親屬人員所組成的軍隊。不但諸侯國的國君是這樣，卿大夫也是這樣。當時各國對外作戰中，以貴族軍隊作為主力，而征發國人作為車戰的主力。

至春秋、戰國之交，由於農田制度的變革，國人和庶民先後轉化為自耕小農，這種自耕小農就成為各國軍隊的主力。各國為了爭取在兼併戰爭中的勝利，就普遍地實行徵兵制度。

至戰國時期，隨著郡縣制度的建立和軍隊以農民為主要成分，各國就實行以郡縣為單位的徵兵制度。舊的軍事組織在瓦解分裂，而新的軍事組織，即郡縣的軍事組織卻在不斷的生長和發展。

戰國時各國在戰爭時徵兵，大都以郡為單位，例如《史記‧仲尼弟子列傳》中記載，西元前四八三年，吳王夫差曾征發九郡兵伐齊；西元前二四〇年，趙將慶舍曾統率「東陽、河外師」守河橋；西元前二三五年，秦王嬴政曾征發四郡兵助魏攻楚。

戰國徵兵工作是建立在郡縣制上的，朝廷在各個郡縣中按戶輪流征發壯丁服兵役，各國為了兵役數量，往往規定男子成年就必須單獨立戶。原則上，徵兵時不會征發家中所有男丁。

如果遇有大戰，往往征發全國範圍內郡縣中的壯丁，傾國以赴。若是小戰，則只征發與敵國鄰近的郡縣壯丁去作戰。其他郡縣就休養生息，以備將來。

郡縣徵兵制規定：凡成年男子都必須承擔當兵的義務。男子到十七歲，均必須親自到政權機構登記註冊，稱為「傅籍」。登記內容主要包括：姓名、年齡、是否殘疾以及有無疾病等。傅籍之後，男子即開始準備服兵役。

據《睡虎地秦墓竹簡》，實際上男子十五歲就傅籍，以後隨時有被徵調入伍的可能。

一般來說，男子從十七歲或身長五尺就需要服兵役，直至六十歲才能退出服兵役行列。戰國時一尺大致相當於現在的二十三公分左右。

應該說明的是，服兵役的期限並不是從十七歲持續至六十歲，而是在期間一段時間就回家，所有適役男子輪流服役。戰國時期沿襲春秋時期慣例，士兵戍邊服兵役時間是一年。在這種制度下，朝廷因為戰爭升級的需要，往往透過法律手段延長服兵役期限。

戰國時期兵役對象以青壯年為主。服兵役的人除了農民以外，也包括一部分低級官吏，這要根據具體需要而定。

值得一說的是，戰國時期戶籍制度是跟兵役制度密切相連，徵兵是依據戶口而來的，一個戶口就意味著一份田地，一份兵役義務。但守門人、商人、入贅女家的人等，這幾類人不得擁有田地，也沒有戶口。

在戰國早期他們也不用服兵役，但在戰國後期，因為戰爭的升級，朝廷又制訂了法令，規定這幾類人沒有田地也必須無條件服兵役。

戰爭時期的特殊服兵役者還有婦女老弱。婦女老弱的服兵役主要是在防禦戰時，尤其是守城戰。他們負責烹煮食物供應士兵，修葺城防，對城外實行堅壁清野，將可吃的、可用的帶進城，飼養豬、牛、羊以為軍糧儲備，當城池危急時還要上城參加戰爭。

服兵役標準有兩種，分別是年齡標準和身高標準。《戰國策·楚策二》中記載，楚國大司馬昭常防守在楚的東地時，曾徵用「悉五尺至六十」的兵丁。

這裡的「五尺」顯然是身材不高的少年；「六十」指六十歲年紀的人。這個服兵役標準比春秋時期要降低很多。西周時男子以「身長七尺」為成年標準，高於此標準才開始服役，楚國降低標準顯示出在戰國時期楚國兵役對象已經降低至青少年，這其實也反映出當時戰爭的激烈。

在選拔過程中，有的諸侯國採用考選，招募勇士的辦法作為組建軍隊的一種方式。魏國考選「武卒」很嚴，要全副武裝，帶三天的糧食，半日內跑五十公里。中試者免除其家庭的賦稅，還分給好的田宅。這樣招募來的兵員具有相當優秀的素質條件。這種招募兵員的方法可視為募兵制的濫觴。

閱讀連結

秦國經過商鞅變法後，國力更加強盛，在軍事制度方面實行按郡縣徵兵，完善了軍隊組織，提高了軍隊戰鬥力，士卒勇猛，車騎雄盛，遠非其他六國可比。

秦王嬴政時，在軍事策略上改變了勞師遠征而經常失利的策略，採用范雎遠交近攻的策略，逐漸蠶食並鞏固其佔領地區，實行有效佔領。

秦國相繼攻佔領土包括今陝西省大部，山西省中南部，河南省西部，湖北省西部，湖南省西北部和四川省東北部的廣大地區。秦國這種優越的策略優勢為統一六國打下了基礎。

古代稅賦：歷代賦稅與勞役制度

中古時期 賦役成制

中古時期 賦役成制

　　秦漢至隋唐是中國歷史上的中古時期。這個時期，是古代中國各項制度創立的重要時期。在國家統一，南北經濟交流頻繁的情況下，從秦漢建立的系統的賦稅制度，至三國兩晉南北朝時期朝廷推行的有利於發展經濟和鞏固政權的賦稅制度，充分體現了各個的王朝財政思想和治國方略。

　　這些賦役制度的建立，有利於開墾荒地，保障了朝廷賦稅收入，鞏固了政權，是中國賦稅制度的重大改革和進步。

▎秦代完整的賦役制度

■ 秦始皇畫像

秦始皇統一天下後，為了鞏固朝廷的統一，採取了一系列重大措施，來健全和鞏固新建的政權。其中重要的一項措施，就是在原有賦稅制度的基礎上，對賦稅制度進行改進。

秦代建立的賦稅徭役並行制，是以田租、口賦和其他雜稅為三大支柱，並輔以徭役制度等，共同構成了完整的秦代賦役制度。這一制度的確立，對當時和後世產生了十分深遠影響。

隨著社會生產力發展和地主制經濟確立，早在戰國時期，各國就已普遍實行了田租稅的徵收。

秦代的賦稅制度改革始於秦簡公時的「初租禾」制度，至商鞅變法時，已有「田租」、「口賦」的名稱。所以漢朝的董仲舒在追述商鞅之制時，已是「田租、口賦」並提。

　　秦的田租之制，就是以田畝為依據的土地稅。秦代的土地制度，雖然經過商鞅變法，使封建地主土地私有制加以了法典化。但是，當時的國有土地仍然佔有相當大的比重。

　　對此，秦代採取了三種具體做法：

　　一、酌量農民一年收穫糧粟的多少來確定田租的租額。

　　二、以「百畝」作為徵收田租的一個計算標準。也就是說，朝廷在徵收田租時，是以一戶有田百畝進行計徵的。

　　三、以一戶有田百畝的假設，按每戶徵收。此法其實就是「戶賦」，因為它雖然是基於「地」，但又與「戶」有關。

　　田畝是約數，人戶是實數。那些有田百畝的人，固然要按畝納租，而不夠百畝田的農戶，同樣要交頃田之租。

　　因為在這以前，朝廷控制的人口越來越少，而朝廷的財政支出越來越大，不得不對其控制的有限人口加重賦稅。

　　當時的田租稅率和徵收辦法，據《漢書·食貨志上》上說，是「收泰半之賦」。「泰半」的意思就是三分取其二。「賦」的意思當是指田租而非口賦，因為只有田租的徵收才有按田畝產量計算出來的「泰半」的比例，其他租稅是無所謂「泰半」的。

　　與田租並行的還有芻槀稅。芻槀一般指餵養牲畜的草飼料，芻為牧草，槀為禾稈，均為供馬、牛飼料之用。芻槀之征，

不始秦漢，先秦之時已有。芻稿稅是基於人戶和田畝徵收的。秦代已經開始徵收芻稿稅。

秦代芻稿的徵收辦法與數量，芻稿一般以束或重量單位計算。大約芻每束值一點五錢至三錢，稿每束值一兩錢。芻稿稅可用錢折納。當時穀價每斛值一百錢，照此推算，當時政權所徵收的田租與芻稿稅之比約為五十比一。

在當時，秦代的芻稿稅也是按照「授田」數量徵收的，不論墾種與否都得交納；徵收的數量是每頃田交芻三石，稿兩石；採用實物交納，凡乾葉和亂草夠一束以上者，均可作為「芻」稅提交，但上交時必須過秤，以重量計算。

租穀及芻稿徵收後，必須入倉並及時向縣衙門報告糧草的石數，並有嚴格的「出入倉」規定等。

農業是封建社會的主要生產部門，秦代朝廷向土地佔有者包括地主和自耕農徵收的田租，是當時賦稅收入的最主要部分。

秦的口賦之制，就是以人口為課稅對象的賦稅，又叫「頭會」。因為「賦」是按人口徵收，所以它本質上是人口稅或人頭稅。

商鞅創設口賦的原因基於兩大原因。

一方面是出自當時的政治形勢。商鞅的變法建立一套官僚機制，使朝廷的運行費用大大增加，而且所實行的郡縣制，使得原來屬於諸侯的行政費用開支，一下子成為朝廷的開支。再加上當時的軍事形勢，軍費開支定會越來越大，所以商鞅不但沒有放棄田賦，而且還加上了人頭稅，以此增加財源。

另一方面則出自經濟上的政策。按人口收稅，無論農民或工商業者，都得同樣負擔，這就擴大了朝廷的財政收入，為政權的鞏固奠定物質基礎。

秦代口賦的徵收形式，一般為朝廷不收穀只收錢。在少數民族地區，口賦徵收可以用穀和布帛折納，但還是以錢計算，而內地則一律口賦納錢。

這一政策的制訂，是因為朝廷需要大量糧食儲備，還有像布帛這樣的策略物資。從這一點看，穀和布帛應該可以直接交納。

秦代除了田租和口賦，還有其他的雜稅，包括關市稅、商品稅和山海池澤之稅等。這些稅收制度的建立，使得秦代的稅制更加完善了，也造成了維護朝廷利益的作用。

秦代關市稅中的「關」，為關口要道。設「關」之制，早在先秦文獻中已有很多記載。設「關」的作用，開初主要是訊察、稽查行旅，後來便逐漸有了關稅之徵。

據《漢書‧地理志》：秦時的關卡主要設在內地的關口要塞和周邊各族的交界地區。當時在各地設置關卡，既有其政治、軍事上的意義；同時也有其控制商賈、徵收關稅的經濟目的。

秦代在商鞅變法時，就有關稅的規定。此外，雲夢秦簡的《秦律十八種》中還有專門的「關市」律。秦代徵收關稅已成制度。

古代稅賦：歷代賦稅與勞役制度

中古時期 賦役成制

　　秦代關市稅中的「市」，在秦孝公遷都咸陽，就在這裡設置了固定市場，所以才有商鞅「立三丈之木於國都市南門」之說。

　　隨著民營商業的發展，徵收市井之稅就出現了。《商君書·墾令》還有「市利之租必重」的立法精神。所謂「市利之租」，實可簡稱為「市租」。可見「市租」之制實始於秦國商鞅變法之時。

　　結合秦時存在嚴格的市場管理以及商賈另立「市籍」等措施來看，秦時確有「市租」的徵收，而且是課之於商賈的貿易稅。

　　秦代的商品稅是以商賈和他們的貨物為課稅對象的稅，包括鹽、鐵、酒、肉之稅。

　　據史料考察，早在秦穆公時期就開始對鹽商課稅，只是未及於所有商品，只限於鹽、鐵、酒、肉等民用所必需的商品。至商鞅變法時，商品稅的徵收，已擴大到了酒、肉、鐵等商品。

　　《商君書·墾令》記載：「貴酒、肉之價，重其租，令十倍其樸。」這不僅表明酒、肉等商品已有「租」，而且其租重到十倍於其成本。其目的在於減少商賈從事酒、肉貿易的量和使農民不宜飲酒作樂，藉以發展農業。

　　除酒、肉外，還有對鐵的課稅。秦惠王時，命人在現在的成都「置鹽、鐵市官及長丞」。《史記》作者司馬遷之祖司馬昌，曾為秦代鐵官。這些事實，說明秦已有官營鹽、鐵之制，不僅課取鹽、鐵的商品稅而已。

秦代的山海池澤之稅，包括範圍至廣。由於奴隸社會普遍實行國有土地制，至秦代國有土地制雖在逐步崩潰之中，但還有相當殘留。因此，「山海池澤」，一般被視為封建朝廷所有。

所謂山澤之利就其廣義而言，凡名山大澤的土特產、木材、魚類、飛禽走獸以及地下礦藏如鹽、鐵等都包括在內。但狹義而言，則僅指入山伐木、采薪、放牧及下水捕魚、採珠之類。因此，山海池澤之稅可以簡稱為「漁采畜牧稅」。

秦時史籍並沒有說明山海池澤之稅的具體內容及徵收方法和稅率等。雲夢秦簡的《田律》規定，百姓不準砍伐山林，不許採取植物的嫩芽和不準捕捉幼獸、幼鳥及毒殺魚鱉、捕殺鳥獸，也許正是為了徵收山海池澤之稅的緣故。

秦代的雜稅也是稅收的重要部分。隨著秦代農業和手工業的發展，商業的興起和社會的繁榮，雜稅收入在朝廷賦稅收入中日趨重要，也是朝廷賦稅最主要的來源。

秦代徭役有更卒、正卒和戍卒。更卒即為服徭役有一定期限，到期更換，原服役者止役。更卒徭役，法定服役時間為每年一個月，服役地點為本郡縣，主要從事修築工程。諸如修築城垣、修築馳道、整治河渠、營繕宮苑、修築陵寢等。

正卒是相對更卒和戍卒而言的。更卒一月而更，本縣應役，戍卒則在邊境地區。秦代服於郡國或京師的兵役，稱正卒，它是在服更卒三年後起役，服役期兩年。

正卒兵種有「材官」即步兵、「騎士」即騎兵、「樓船」即水兵，凡正卒應役材官、騎士和樓船，一年服役期滿，即

予除役，以待征發或為衛士，或去戍邊，這沒有時間限制，戰爭結束才可除役。

戍卒即為守衛邊境。戍邊徭役源於春秋時期，當時規定期為一年。秦代對戍卒制度有所改進。戍卒的任務除了駐守邊疆，還服役於烽燧、亭侯、郵驛等。

根據雲夢秦簡的記載，秦帝國的徭役政策，不是人們想像的那樣黑暗無道。老百姓服徭役並不是當牛做馬，挨打受罵。

當時服徭役是有工錢的，有的徭役朝廷管飯。據雲夢秦簡所載的《秦律·司空》規定：有罪被判處罰款的人，或欠朝廷債務無力償還的，以徭役抵債的，每勞動一天折八錢。需要由朝廷提供食物的，每勞動一天抵六錢。在朝廷服徭役依律由朝廷提供食物，男子每天三分之一斗，女子每天四分之一斗。

徭役的工錢也可以折合成糧食。男人和女人為朝廷服徭役，男人每月發糧食兩石，女人每月發糧食一點五石。如果從事勞動終止則停發。身高不足六點五尺的男人，每月發糧食一點五石；因傷病等原因暫時不能勞動，糧食減至一石。

《秦律·司空》規定，凡參加城旦舂勞動的，按城旦舂標準給予衣食。隸臣有妻妾而且為自由人的，應自備衣服。奴隸被拘從事城旦舂勞作的，由朝廷借予衣食。勞作時日未滿而死，註銷其衣食不必償還。

《秦律·金布律》對發放衣服的主管部門作出了規定：在咸陽服徭役的，憑券向大內領取衣服。在其他縣服徭役的，

憑券向所在縣領取衣服。大內和縣按照所屬機構發放的票券，依律發放衣服。

《秦律·戍律》規定，一家不能同時徵調兩人服徭役。主管此事的縣嗇夫、縣尉以及士吏，如果不按照律法規定同時徵調兩人服徭役，一律罰款。

《秦律·工人程》規定，隸臣、下吏、參與城旦的人和製造器具的工匠，冬季減輕工作量，三天只需完成夏天兩日的工作量。

《秦律·司空》規定，犯罪被判罰款而以徭役償還的，在播種和管理禾苗時節，需放假二十天務農。

《秦律》規定，沒有母親的嬰幼兒，每月發糧食O點五石。雖然有母親，但母親在朝廷從事零散的雜役，嬰幼兒無人照料而跟隨母親的，每月發糧食O點五石。

《秦律·工人程》規定，服徭役時，男子的工錢高於女人百分之二十五，但是女人在做針織等女人專長的工作時，每工作一天和男人工錢一樣。

上述文字是雲夢秦簡中有關百姓服徭役的記載，雖然不全面，但是能夠造成窺視一斑的效果。

無論是服徭役的百姓，還是以徭役抵債的欠債人或罪犯，至少法律規定，朝廷必須保證他們的溫飽。

如果是一個月兩石糧食的工錢，應該說在那個物質缺乏的時代，是相當豐厚了。

　　在農閒時節承擔部分徭役，既可以省下家裡的糧食，又能有所收益，至少不是像有些人說的那樣「下地獄」。

　　總之，秦代完整的賦役制度，包括貨物流通、商賈貿易、生產資料、生活資料、漁采畜牧及每個人的人身，都在課稅之列。

　　這一制度的建立和制訂，具有劃時代的社會意義。不僅保障了秦帝國物質基礎，也對後世賦稅制度的進一步完善和發揮作用產生了深遠影響。

閱讀連結

　　秦始皇統一天下後，很快推行了一整套維護統一封建帝國的改革措施，在政治、經濟、文化的統一和發展造成了巨大的作用。

　　他認為必須由皇帝來掌握全國的政權，不能再像西周那樣分封諸侯，致使最後朝廷無法控制。

　　於是他廢除了自殷、周以來的分封制，實行郡縣制，在朝廷設三公九卿，幫助皇帝處理宗廟禮儀、司法、外交、財政等朝廷大事。還對各級官吏進行很嚴格的管理。這樣，從朝廷到地方，一切權利均集中於皇帝，大大加強了君主集權制。

▌漢代體系化賦稅制度

■漢高祖劉邦畫像

漢代的賦稅制度具有歷史的繼承性，它是自春秋晚期以來至秦代封建性賦稅制度的延續和發展。

漢代在制訂賦稅制度時，不僅吸收了以前的賦稅制度的基本內容，而且又顧及了漢代初期的現狀。

漢代制訂了具有新內容和新特點的賦稅制度，為恢復和發展生產，緩和階級矛盾，鞏固封建朝廷政權，發揮了應有的作用。

漢代的賦稅主要是田稅、口賦和雜稅。與此同時，漢代還根據當時的社會現狀，開創性地制訂了敬老養老的賦稅政策。

古代稅賦：歷代賦稅與勞役制度

中古時期 賦役成制

　　田租是漢王朝朝廷財政的主要收入之一。主要用做百官的俸祿、祭祀，皇帝的生活資料和其他某些用度。

　　西漢初年，漢高祖劉邦實行減輕田租的政策，實行「十五稅一」之法，即朝廷從農民總收入中徵收十五分之一。不久，因軍費開支浩大，似乎又改成「十一之稅」，到惠帝劉盈時，才又恢復「十五稅一」。

　　後來，有時免除一半田租，變成「三十稅一」，遇到荒年，又全部免徵。漢景帝時，正式規定「三十稅一」，從此成為定制，終兩漢之世基本未變。

　　古代文獻把漢代朝廷收入的田租，有時又稱作「穀租」、「租穀」、「菽粟」，可見它是實物並不是貨幣。朝廷按照不同地區、不同土質、不同年景，定出不同的通產量，以此為標準來徵收田租。

　　漢代還有一種與田租並行的稅收項目，這就是芻藁稅。這和秦代的芻藁稅基本相同，也是徵自土地，而且和田租同徵、同減、同免。由於芻藁笨重，運輸不便，有時也用貨幣代替實物。

　　兩漢前期減田租的措施，對大量自耕小農造成了保護作用，有一定的積極意義，因而也收到了促進社會生產力發展的效果。

　　漢代另一類重要賦稅是「口賦」，是朝廷財政收入的又一重要來源，主要充作軍費和對有功人員的賞賜。口賦就是人口稅，其中分為「算賦」和「口錢」兩種。

從西漢初開始法令規定：人民不分男女，從十五歲至五十六歲期間，每人每年必須向朝廷納一「算」錢，稱「算賦」。當時一算是一百二十錢。商人和奴婢要加倍交納，每人年徵兩「算」。

漢惠帝為了改變秦末漢初以來人口銳減、土地荒蕪的局面，特別獎勵生育，規定女子從十五歲至三十歲還不出嫁，就要徵收五「算」。

漢代稱未成年的兒童為「小男」、「小女」，他們的人口稅叫做「口錢」。口錢從三歲起徵，直至十四歲，每人每年交納二十錢，漢武帝時增加三錢，成為二十三錢。漢元帝又改為從七歲起徵口錢，至二十歲才開始徵收「算賦」。

除了以上兩類賦稅以外，漢代的雜稅其實涉及了漢代賦稅的管理體制。

漢代皇室的費用，主要取自山、川、園、池、市肆的租稅，被稱為「工、商、虞、衡之入」。這些收入，原則上由少府管領，供皇室享用。

漢代的少府，規模和職權範圍又遠非「山虞」、「林衡」所能比擬，它的屬官如主膳食的太官和主餅餌的湯官等，主管鹽鐵、海租、假稅、工稅、市租方面的稅收。

鹽、鐵是人民生活和生產的必需品，量多稅高，收入自然不少。正因為它重要，所以漢武帝時，為增加朝廷財政收入，實行鹽鐵由朝廷壟斷經營，於地方各郡縣設鹽官或鐵官經營鹽鐵產銷，增加了朝廷財政收入，對改進與推廣先進技術也造成了積極作用。

　　假稅是租賃之稅。朝廷把控制的公田苑囿租給人民耕作。當時出租的公田，有太僕所掌管的牧師諸苑草地，水衡都尉所掌管的上林苑閒地，少府所掌管的苑囿園池之地，還有大司農所掌管的大量熟地。

　　漢代開創的敬老養老賦稅制度，涉及社會、政治、經濟、文化和司法等領域，內容包括王杖制度、賜米制度、免老制度和睆老制度。

　　王杖制度又稱賜杖制度。這一制度規定，免除老人的賦稅差役負擔。王杖持有者如使者持節，官吏或他人不得擅自徵召、辱罵、毆打持杖者，否則處以極刑。同時，把免除差役的範圍擴大到持杖老人的家庭成員。即對於撫養這些老人的人，朝廷也免除其賦稅徭役。

　　經濟上給予持杖老人一定的優待，對持有王杖的老人從事經商活動免除市稅。

　　賜米制度規定，九十歲以上高齡老人可以享受賜米，不過只有大夫及大夫爵位以上的九十歲老人才享受賜米，而低級爵位乃無爵位者需要更高年齡才受賜米。

　　漢文帝時，對賜米制度的對象、年齡和內容等方面進行了改革，據《漢書·文帝紀》記載，九十歲以上賜米制度，被放寬為八十歲以上者即可享受賜米一石、肉十公斤和酒五斗的待遇；而九十歲以上者則在享受賜米一石的基礎上，增加賜帛兩匹、絮一千五百克。至東漢時，賜米者的年齡被進一步降低，《續漢書·禮儀志》表明，東漢七十歲的老人就被賜米了。

免老制度又稱「徭役免老」，是對達到年齡標準的編戶民眾，即被朝廷正式編入戶籍的自耕農、僱農等免除徭役。

睆老制度是漢初養老制度中的另一項內容，即將年齡較高又未及免者，定為睆老，其享有的優待政策，一是減半服徭役；二是睆老者之子可免於參加運糧的差使。當時睆老者由於沒有達到「免老」標準，所以仍須服徭役，但睆老者所服徭役的勞動量是同爵位正常服役者的一半。

漢代「賜杖」、「賜米」、「免老」和「睆老」四項賦稅政策表明，漢王朝能面對社會形勢的發展和變化，順應歷史潮流，推動了漢代社會的精神文明建設，在中國封建社會初期，具有開創意義。

閱讀連結

據說漢武帝到泰山拜祭泰山奶奶，就在他跪在塑像前磕頭時，突然，香台上的香菸組成了十四個字停在空中。

這十四個字是：「一人求神花萬貫，人眾如草廢家園。」剛一看完，這些字就又變成了白煙，繚繞著向上浮去。

漢武帝一時驚呆了，但他很快就明白了：因為自己揮霍錢財，百姓怨憤，所以泰山奶奶才這樣警告他。於是，他立即趕回京城，招募天下人才，治國安民，減輕賦稅。還親自到鄉下犁地種田，不幾年工夫，天下人就富裕起來了。

▊漢代減輕徭役的措施

■ 漢文帝劉恆畫像

　　在西漢初年，由於楚漢之際的戰亂，致使生產受到了嚴重破壞，社會經濟凋敝，人民生活痛苦。面對這種殘破的局面，漢高祖劉邦採取了「休養生息」的政策，大力減輕人民的徭役負擔。

　　在不同的情況下，採取各種減免賦稅的措施，以穩定社會秩序，鞏固自己的統治。

　　漢代採取減輕徭役負擔的措施，增強了朝廷的實力，於是出現了「文景之治」的開國盛世，為後來漢武帝北驅匈奴奠定了基礎。

　　漢代的徭役有廣義與狹義之分。廣義的徭役包括兵役在內，狹義的徭役則是指兵役之外的無償勞役而言。因此，從廣義的角度著眼，漢代的徭役是同兵役聯繫在一起的。

漢代實行徵兵制，凡符合年齡男子都有服兵役的義務，因而往往同徭役的征發混在一起。這是漢代徭役的重大特徵所在。

西漢初年，漢武帝為減輕徭役負擔，採取了很多政策和措施。在當時，入關滅秦的關東人願留在關中為民的，免徭役十二年，回關東的免徭役六年。

軍吏卒無爵或爵在大夫以下的晉爵為大夫，大夫以上的加爵一級，並一律免除本人及全家的徭賦。歸農的軍吏卒，按照爵級高低，也就是軍功大小，給予田宅。

他們之中除少數高爵的上升為地主外，大部分還是一般農民。

漢武帝的「輕徭」措施，使這些人在和平安定環境中獲得了土地，提高了生產積極性，是漢初穩定農村秩序、恢復農業生產的一支重要力量。

漢惠帝後期，無為思想在政治上起著顯著作用。丞相曹參沿襲蕭何輔佐漢高祖的成規，無所變更。在這十五年中，很少興動大役。漢惠帝時修築長安城，每次發民為期不過一月，而且都在冬閒的時候進行。

漢代徭役中主要有更役、正役與戍役三種類別。每年服徭役一月稱為更役，親自服役的稱為踐更，不願服役的可納錢三百僱人代理叫做過更。

服兵役兩年稱為正役。正役一年在本郡為步兵、水軍或騎士；另一年在京師屯戍，稱為衛士。他們必須在邊郡屯戍

一年，稱為戍役。此外，漢代還把以役抵罰款，抵贖金和抵償的勞役總稱為「居役」。

更役服役的地區，一般多在本郡縣。如漢惠帝之兩次築長城，所征發的服役者，都是長安三百公里內的成年男女，而不及於其他地區的服役者，便是更役不出本郡縣之證。

但是，也不排除有遠離本土的更役，這便是「外徭」。「外徭」是應服更役中的另一種表現形式，它不僅是遠離本郡縣的更役，而且是役期較長和勞動強度大的更役。「外徭」在當時的朝廷建設中發揮了重要作用。

在當時，治河卒係征發更役之卒為之，更役本為一個月，而此因治河之緊急需要，延長至六個月；而且治河之役，不比一般徭役，特別艱辛。

因此，朝廷為了勞賜這些服役者，對他們中不是因為代人服役而沒有獲得平價每月兩千雇更錢者，便允許他們以治河之役期抵消其應服的戍邊之役六個月。除了治河以外，戍邊也是外徭的任務之一，只是相對較少。

漢初的役齡和役期之制同秦制相同，但始役年齡的起點由十五歲傅籍，至漢景帝時變成了十傅籍，至漢昭帝時變為二十三傅籍。從此遂成定制，至東漢而無變異。至於止役年齡，也在逐漸下降。

漢景帝、漢昭帝先後改變傅籍年齡，以及縮短服役時間，實為執行休養生息政策的重要措施，表明人民的徭役負擔的減輕。

漢代服更役者，承擔著郡縣的各種雜役。漢惠帝兩次修築長安城，都是調動長安周圍三百公里內男女十多萬人為之。

漢武帝時在全國各地興建水利工程，也動輒發卒數萬或數十萬不等。漢代的治河之役也不少，最突出者為漢武帝時與漢成帝時的幾次治河之役，每次超過役期。此外，還有煮鹽、採礦、冶鐵及製作器物之役。

漢代免除徭役的條件，處在一個不斷變化發展的過程中，其表現形式也五花八門。但總的說來，不外「賜覆」、「買賜」、「爵復」三種類型。

第一類型的免役特權，來源於朝廷的賞賜，簡稱為「賜覆」。例如：勤於耕織而納粟帛多者，年齡高者，援軍、「從軍」有功者，居於特殊地區的居民，有特殊身分者，還有就是為了一定的目的和實行某種政策而實行的賜覆。

「賜覆」都以朝廷對百姓施仁政、布恩德、行賑濟和獎勵等方式出現，主要實行扶植與優待措施。當然，貧苦農民與地主階級在獲得免役權利這一問題上，存在著不均等性與階級性。

第二類型的免役特權，來源於服役者用錢財買得，簡稱為「買復」。入粟於朝廷者，入奴婢於朝廷者，入羊於朝廷，總之，為朝廷犧牲了個人利益的人，都可以獲得免役。

第三類型的免役特權，來源於爵級，簡稱為「爵復」。這種因爵位而免役的情況，同上述因入粟於朝廷等而獲得免役者不同，因為它不屬於「買復」的範疇，而是透過爵位而自然享有的特權。

中古時期 賦役成制

綜而觀之，漢代免役的「賜覆」、「買復」與「爵復」三種方式，除第一種可能包括個別一般農戶外，其餘都是以官吏、將領、貴戚、地主、富商為對象的。

漢代還逐步形成了一種帶有職役性質的特殊徭役制度，這就是「吏役」制。兩漢時期的服役「吏」，或來源朝廷招募，或來源於朝廷征發，再以之配置於各級朝廷。他們既承擔土木建築，又被用於從事各種雜役，還有從事屯田勞役的，更不乏採礦、冶煉、製作器物和放牧國有牲畜者。

他們不同於更卒、戍卒的地方，在於其服役往往是透過其所任職務去實現的，故謂之職役。他們服役的年限，比一般更卒、戍卒要長，而且在軍隊裡的服役「吏」，其俸祿也比戍卒要多，因而在身分方面，他們也略高於更卒、戍卒。

但是，所有這些，並不改變他們作為特殊的服役者的身分性質，只是其地位的卑下，服役的繁雜，以及另立吏籍、世代相襲、可供賞賜等特徵尚未完備化和固定化而已。在整個吏役的發展過程中，兩漢時期處於其初期階段。

關稅在漢代，包括內地關稅和國境關稅兩種。內地關稅是指對透過主要關卡的貨物的徵收；國境關稅則是指同匈奴等民族通商貿易所徵的稅。

漢初，為了促進經濟的恢復，溝通各地財貨，活躍城鄉經濟，把「關」也撤掉了。

漢景帝時，因吳、楚、趙、膠西、濟南、淄川等聯合發動叛亂，又復置諸關，但沒有說明收稅之責。後來才有明文

記載，在武關設官收稅，不過稅率不高，所收的錢，也不列入朝廷財政，僅供「關吏卒食」，所以財政意義不大。

漢代對酒實行專賣，始於西元前九十八年御史大夫桑弘羊建議「榷酒酤」。但只實行了十七年，因在鹽鐵會上遭到部分官員的反對，不得不做出讓步，改專賣為徵稅，每升稅四錢。東漢時，因所屬統治區縮小，又常遭水旱之災，所以一再禁止私人賣酒，可見一般情況下實行的是私人經營朝廷徵稅制。

西漢的專賣政策，是同漢代的國策相適應的，特別是漢武帝時，為了滿足其安邊擴土的需要，廣開財源，所以，對鹽、鐵、酒實行專賣，以獲取更多的財政收入。

漢代對車、船所有者徵收的稅，始於西漢武帝年間，徵收的對象為商人和除官吏、三老、北邊騎士以外的其他車、船所有者。凡商賈的輕便車每輛二算；其他人有輕便車者，每車一算；如屬官吏、三老、北邊騎士，其佔有的車不徵稅。五丈以上的船徵一算。

總之，漢代徭役理順和加強了社會秩序，促進了朝廷建設的發展，有力地保衛了朝廷安全，成為朝廷大一統格局的重要措施之一。

閱讀連結

西元前一二一年秋天，匈奴的渾邪王、休屠王決定投降漢朝。漢武帝擔心他們詐降，命令霍去病率軍迎擊。

匈奴人見到漢軍，他們中的大多數人並不想投降，於是霍去病騎馬闖入匈奴軍營與渾邪王相見，迫使渾邪王所部渡河降漢。漢武帝大喜，賞賜了有功將士和匈奴降眾數十億錢，並封渾邪王為漯陰侯，食邑萬戶，封其部下等四人為列侯，加封霍去病食邑一千七百戶。

由於這兩部的投降，漢武帝同時減去隴西、北地、上郡一半的戍卒，以減輕天下的徭役。

▋三國時期賦稅與徭役

■ 蜀主劉備畫像

在三國時期，出現了部分在當時行之有效的稅賦制度，比如曹魏的屯田、戶調製等，東吳的租、賦、算、稅四大類，蜀漢的口賦、算賦等，還有因戰事而確定的徭役性世兵制度等，所有這些，都比漢代有了一些顯著的變化。

其中，屯田制是作為一種新的生產方式出現的，它解決了前代社會所創造出來的矛盾。

東漢末年，各封建割據勢力連年征戰，出現了「用無常主，民無常居」的現象，在這種情況下，朝廷難以掌握確實的戶籍，若仍按漢代賦稅制度徵收算賦和口賦，評定田地產量，顯然已很難辦到。

此時，曹操已收編黃巾軍餘部三十萬人，佔據中原腹地，「挾天子以令諸侯」。糧食問題的解決迫在眉睫。當時的歷史條件是，許城周圍有大片荒蕪的農田，而且黃巾軍一般拖家帶口，還帶有許多耕牛。於是，曹操於一九六年頒布了《置屯田令》，開始大規模屯田。

曹操的《置屯田令》規定：「持官牛者，官得六分，百姓得四分；私牛而官田者，與官中分。」雖然百姓地租負擔較重，但較為安定的生產和生活，仍能被當時百姓接受。這一制度解決了軍糧問題。

為了保證長久調動農民生產的積極性，曹操開始著手進行賦稅制度改革。

二○四年，曹操發佈了著名的《收田租令》，規定「其收田租畝四升，戶出絹兩匹，綿兩斤而已」。這一改革實現兩大突破，即把漢代的定率田稅改為定額田稅，把人頭稅改為按戶徵稅。漢代田稅曾經三十稅一，一畝必須繳糧五升以上。

中古時期 賦役成制

　　而曹操的改革不論產量高低，一畝只繳四升，田稅不與產量掛鉤，增產不增稅，提高了農民種田的積極性。流民紛紛歸田，農業生產得以恢復。

　　漢代「人頭稅」算賦、口賦是按人頭繳納的，百姓要賣掉產品換錢繳稅，時常受到商人盤剝。但曹操採取了戶調製度，收到了很好的效果。

　　根據與口賦、算賦制，家庭的人口越多，交的稅費就越多，若稅費太重或不合理，就會限制人口增長。而戶調製只規定一個家庭所交的稅費，不管人口多少，而家庭如果人口多，則勞動力就多，收入就會增加，自然刺激家庭想方設法增加人口。

　　曹操還規定除百姓納稅外，一般豪強地主也要繳納田稅、戶調。同時，注重加強管理，規定正稅之外，其他不得再進行徵收。

　　曹操具有鮮明的賦稅負擔均平思想。他在《收田租令》開篇即強調：「有國有家者，不患寡而患不均」，指出不可放縱豪強兼併，轉嫁賦稅負擔，使百姓貧弱。

　　他將稅負是否均平的問題提到治國強兵的高度，認為如果人民負擔過重，貧富相差懸殊。他明確規定，賦稅的承擔者不僅是普通百姓，一般的豪強地主也要按照土地頃畝和戶口分別繳納田租戶調，不可以使他們有所隱藏。

　　曹操還主張加強賦稅的徵收管理。實行租調製的法令頒布後，曹操強調依法辦事，嚴格貫徹租調製。他不僅帶頭守

法，向朝廷繳納賦稅，還大力支持地方官員依法徵稅，打擊違法的豪強，並重用嚴於執法的官員。

曹操賦稅改革使魏國民心歸服，軍隊衣食充足，成為三國鼎立中實力最強的朝廷。

東吳賦稅制度總體上繼承漢制，但對漢制又有所創新。根據其徵收標準和徵收物不同，可分為租、賦、算、稅四大類。

「租」主要為田租，按田畝多少與產量高低相結合的辦法分等級徵收，以實物繳納為主；「賦」主要有算賦、更賦，計口徵收，所納多為錢幣；「算」主要有算緡、算貲、戶賦，主要是對商人、手工業者、居民等徵收的財產稅，多按財產的多少分等徵收，用錢幣繳納；「稅」主要有關稅、鹽鐵稅或專賣、酒稅或專賣、市稅等雜稅，一般按貨物的數量多少徵稅，以徵收錢幣為主。

東吳朝廷對年齡高者的家屬、殘疾者，當發生天災、帝王登基等情況時減免賦稅，這些減免措施或多或少減輕了人民的負擔，促進了農業和經濟的發展。

三國時期的徭役主要是徭役性兵役，指以兵充役，士兵服徭役，或以民充兵，服屯戍之役。

三國時期實行世兵制度。世兵制是由一部分人戶專服兵役、世代為兵，是保證地主階級政治需要的一種兵役制度。除世兵制外，又用用募、收降、徵兵補充軍隊，從少數民族中獲得大量兵員。如魏的烏桓兵、涼州兵，蜀的叟兵，吳的山越兵等。

古代稅賦：歷代賦稅與勞役制度
中古時期 賦役成制

　　三國形成時期之初，沿襲東漢，主要實行募兵制。至建安年間，因長期戰亂，逃兵增多，人口減少，募兵困難，曹操、劉備、孫權，都開始逐漸實行不同名目的世兵制，以確保兵源。

　　世兵制的誕生，是一個逐漸演變的過程。演變的第一步，是從兩漢的徵兵制，過渡到漢末的多種集兵方式。這種募徵來的兵，服現役期限不再是徵兵制規定的兩年，而變為長期的以致終身的；當兵從盡義務，變成謀生的職業；服兵役由人人有義務，變為一部分人的職業。

　　建安後期，是演變的第二步。這時，兵士家屬集中到一起居住，既留作人質以防士兵叛變，又便於管理；兵與民的戶籍也由此分開，出現了兵戶；當兵由及身而止，逐漸變為世襲。

　　兵戶和世襲兵大量出現，成為時代的潮流，新的世兵制也就形成了。三國鼎立期間，世兵制已經發展成為魏、吳的主要兵役制度。

　　三國時期的世兵制包括四項內容：

　　一、兵士終身當兵，父死子繼，兄終弟及，世世代代為朝廷盡當兵義務。朝廷主要兵源，是兵士子弟。兵士不得解除世代當兵的義務，除非在作戰中有突出的表現，經過特殊的手續批准，作為獎賞方可。

　　二、兵與民分離。兵士之家，即士家，另立專項管理的戶籍，稱為士籍。入士籍，不允許改為民籍。

　　三、兵士的家屬，集中居住，集中管理。

四、為了保證兵士人口的再生產，士家在內部婚配，不與平民通婚。

與世兵制配套的還有番休制，又稱分休制。

在曹魏，世兵制最為典型，並與質任制和錯役制相結合。為保持固定的兵源和恢復發展生產，魏開始實行「世兵制」，把士兵及其家屬固定為「軍戶」或稱「士家」、「兵家」，與民戶分籍登記，由專門機構管理。

曹操實行軍戶和民戶分離。軍戶既要打仗又要耕作，還可被任意集體遷移。為保障兵源，曹操規定軍戶女子不得外嫁，只能嫁給軍戶。

蜀漢也實行徵兵制。蜀漢因為疆域和人口最小，所以世兵制雖有，但非主流，主要在部曲和少數民族中實行。

孫吳士卒家屬一般跟隨軍隊，由將領安排住地集中控制。孫吳政權是由江南本地和南遷的大族支持而建立，不得不給他們好處，因此形成東吳特有的世襲領兵權，即將軍死後由兒子帶領舊部屬。

三國時期，軍戶當兵是世襲職業，作戰經驗豐富，作戰技能提高，有較強的戰鬥力。世兵制吸收遊民和流民，使之舉戶依附朝廷，從死亡線上找到安身立命之地，透過終身當兵和家屬屯田解決生計，對他們是有利的。

世兵制透過以眾將部曲的家屬為人質，加強了對眾將的控制，抑制了軍中豪強擁兵割據的傾向，保證了軍隊的集中統一，對於結束群雄割據、形成三國鼎立和全國統一起了一定作用。

閱讀連結

曹操在執法方面不徇私情。

曹洪是曹操的堂弟，家產萬貫，他始終追隨曹操建功立業。長社縣令楊沛在組織租調製的實行時，支持曹洪的長社縣的賓客拒絕繳納田租、戶調。楊沛依法辦事，斷然把那些違法不交稅的賓客「收而治之」。

曹洪得知這一情況後，急忙去找曹操，要求懲辦楊沛。但楊沛毫不畏懼，並依法誅殺了抗稅不交的賓客。

曹操聽說這件事後，並不因為曹洪是自己的堂弟而責備楊沛，反而表揚了楊沛，後來還重用楊沛，封其為京兆尹。

▌兩晉賦稅制度與徭役

■晉武帝司馬炎畫像

在兩晉時期，社會經濟有了進一步的發展。儘管長期處於戰亂之中，社會十分動盪不安，但是社會物質生產仍在發展，在這種情況下，西晉在賦稅制度上實行占田制，實行戶調法。

東晉允許官僚佔山封山帶澤良田萬頃，奴婢數千，土地所有制的發展，並在此基礎上形成了富有特色的賦稅制度。

兩晉時期，社會經濟特點是江南迅速開發，中原發展相對緩慢，士族經濟和寺院經濟佔有重要地位，商品經濟水平較低，以及各民族經濟交往交流的加強。伴隨著經濟的不均衡發展和軍事上的變化態勢，這一時期的賦稅制度和徭役均體現了與以往不同的時代特色。

晉武帝司馬炎滅吳統一中國後，於兩百八十年頒布《占田令》，首創「戶調製」。此令在占田制的基礎上，規定賦稅的數額。

所謂占田，是指一般民戶可以按人口佔有和使用的土地數額，課田是按丁承擔租稅的土地額。占田並非由朝廷分配土地，只是允許民戶自行墾佔，無論占田是否達到法定標準，都必須依照規定的課田數交納田租。

《占田令》包括占田制、戶調製、限田制以及官吏占田蔭戶制。

占田制也叫占田課田制。它規定：男子一人占田七十畝，女子一人占田三十畝；其中丁男十六歲至六十歲為正丁；課田五十畝，丁女占田二十畝。次丁男十三歲至十五歲、

六十一歲至六十五歲，占田二十畝，次丁女及老小沒有占田。
「次丁」是指承擔部分賦役的未成年或老年的男女。

在納稅額度上，《占田制》規定：有五十畝地者，收租
稅四斛，即每畝八升。除田租外，還要繳納戶調，丁男做戶
主的，每年繳絹三匹、綿三斤；戶主是女的或次丁男的，戶
調折半交納。

《戶調製》規定：丁男為戶主的民戶，每年納絹三匹、
綿三斤，丁女及次丁男為戶主者減半交納。

《限田制》規定：官員一品可占田十五頃，以下每低一
品減田五頃。

官吏占田蔭戶制規定：第一品官可以占田五十頃，以下
每品依次遞減五頃，至第九品占田十頃。蔭庇佃客的數額為，
自一品五十戶至九品一戶。

戶調法有三個特點：

一、以戶為單位，計徵田租和調賦，也就是把土地稅和
戶口稅合而為一，寓田賦於戶稅之中，不問田多田少，皆出
一戶之稅。

二、戶調所徵收的絹綿等實物，只是一個通用的標準，
實際上當會按照各地實際出產情況，折合透過標準物計徵，
不會只限於絹和綿。

三、西晉徵收的田租和戶調，較曹魏時徵收田租提高了
一倍，戶調提高了半倍。

晉武帝頒布戶調式的目的，主要是為了分土地，限制土地兼併，以保證朝廷的稅收和徭役征發。戶調式制度的實施，是晉代獨具的一個特色，增強了西晉的國力。

　　東晉南朝時期，江南得到進一步開發，社會經濟有了較大的發展。北方勞動人民不斷南遷，既提供了大批的勞動力，也帶去了先進的生產工具和生產技術。因為他們是僑人，散居在僑立的郡縣中，賦役上與土著居民不同。

　　這種不同集中表現在戶籍上。兩晉南朝時稱正式戶籍為黃籍。因僑人屬不定居、無實土之虛懸流寓戶口，皆無賦役。因此，黃籍之外出現了白籍。

　　流民湧向江南，住僑郡，持白籍，免除稅役，這就必然要加重江南土著居民的負擔，必然要影響朝廷財政的收入，造成嚴重的社會經濟問題。

　　土斷因而勢在必行。土斷的主要精神是劃定州、郡、縣的領域，居民按實際居住地編定戶籍，故稱「土斷」。因為賦役跟隨戶籍，故而土斷的核心是整頓戶籍。

　　東晉的賦稅實際分為四段。

　　自晉元帝至晉成帝「鹹康土斷」與「度田收租」之前為第一段。這段賦稅制仍舊是西晉之制。

　　第二段自晉成帝「鹹康土斷」與「度田收租」起，至三七六年改行口稅止，是度田收租制度實行的時期。鹹康土斷將僑人包括士庶都納入了黃籍稅戶之中。度田收租是畝稅。

　　這段稅制最大的變化，是取消了王公貴人免稅及蔭親屬的特權，但他們仍可免役，比如後來三七六年實施的在役之身可免稅政策。

　　第三段自三七年改行口稅起，至三八三年淝水之戰後增百姓稅米前止。在這段中，東晉除了將畝稅改為口稅外，還創立了在役之身可免稅的制度。

　　役包括勞役與兵役，正在服役的人可以免除口稅，對於農村與軍隊的穩定，都有一些作用。東晉用以打勝淝水之戰的北府兵，都是在免稅之列。

　　第四段從淝水戰後增稅米起，至東晉滅亡止。這段時間的賦稅特徵是，稅米及布、絹、絲、綿都是以戶為單收徵收，而且按貲產分等徵收田租、戶調辦法，也就是九品相通。這階段的一個變化是服役者不能免調。因為形勢吃緊，百姓是既要交稅，又要服役。

　　東晉的賦稅制度具有以下特點：

　　一、以實物賦稅取代了貨幣賦稅，以戶為單位和以丁為單位並重，婦女授田和納稅，適應了大戶隱佔人口的現實，只能按戶徵收才有保證。

　　二、戶等的評定採取「九品混通」的辦法，即按照資產評定戶等，依戶等高低納調，但大戶合適。人多丁多，還可依附人口，戶調則按一戶計算，不是太大的負擔。

　　三、東晉的租調稅額取十分之一，率畝稅三升。原來是以丁租為主，現改為丁租與畝稅並舉，按田納稅。但遭到大

家族豪強的反對和抵制，後來又實行口稅制，依附人口自然不納稅。

兩晉時期的徭役制度，在役齡及兵役制度諸方面各有區別。

役齡即服役年齡。西晉平吳後，則把起役年齡降低至十六歲，而把免役年齡提高至六十五歲。東晉的服役年齡與西晉基本相同。自西晉末年至北魏統一中原這一期間的十六國，其役制也一脈相承。

至西晉末年，世兵被發生在中原地區的連年兵禍消耗殆盡，軍戶所到無幾，世兵制也逐漸衰落，轉而以招募補充兵員，募兵制漸盛。

東晉初年的徭役，由於軍事行動未停，所以力役的名目繁多。東晉經學家范寧上疏揭露了役期無休止的事實，印證了東晉徭役還是很重的。其實這也從一個側面反映了當時的形勢緊張。

東晉掌握的舊有軍戶更少，初期曾以驅使隱戶、征發奴童、謫發罪犯來開拓兵源，擴大軍戶，仍不能滿足用兵需要，於是大量招募南遷流民為兵。如參加淝水之戰的北府兵即是招募而來的。此外，凡有重大戰爭，也臨時征發百姓為兵。

閱讀連結

《晉書·陶回列傳》中記載，當時穀穀價昂貴人民飢餓，三吳一帶尤其嚴重。於是朝廷命令聽憑人民自由買賣糧食，以此緩解一時的急需。

　　曾任交州刺史的陶回上疏說：自由販賣糧食的消息一傳開，北方強敵聽說後就會認為我們虛弱，會來威脅我們的安全的。陶回建議開糧倉賑濟百姓。這段話透露出朝廷的經濟制度。

　　朝廷允許農民把糧食出售給城裡人，用賣糧所得購買他們無法生產出的鹽、農具等。這就是當時的糧食交易現象。

▌南北朝時期賦役制度

■北周武帝畫像

　　南北朝時期，戰亂期間和各政權雜立期間，賦役制度混亂，制度也不穩定，臨時徵派的現象非常嚴重。

　　但在這個時期，也確實有一些頗有成效的賦役制度。比如南齊稅制中有不收粟、帛、雜物而收錢的規定，從賦稅發

展史來說，它與財產稅的出現一樣，也是一個很大的進步。北周的納資代役，可用絹布代替現役，也是歷史的進步。

南朝賦役制度，沿襲東晉後期的租調九品相通，但各朝又有所變化和發展。總體上看，貲稅和「關市之徵」是南朝賦稅徵收的主要形式。「貲稅」就是財產稅，即按照民戶財產估價總額所徵之稅。

南齊的稅制同於宋代。宋代時的「三調」為「調粟、調帛與雜調」，又名「三課」，一年三次分別徵收。但南齊的調粟、調帛與雜調並不就是調實物。不收粟、帛、雜物而收錢。

以三調為形式的財產稅，在梁陳時期，基本上維持下來。梁天監初，一度改調帛為「計丁為布」，但後來又有三調。

貲稅或者說財產稅，適用於士人以外的所有的人戶，是南朝最重要的稅收。此外，南朝還有一項重要的稅收，即關市之稅。因為商業交換發達，「關市之徵」成為南朝財政收入的必要構成部分。商業及商業有關的稅收在南朝稅收中佔有重要的地位。

關稅即關津之稅。在南朝有埭、津、渡、桁稅。埭稅，即牛埭稅。南朝於風濤迅險、人力不濟之處立牛埭，出租官牛，以助民運。

津為過津稅，也稱之為津稅，四方都有。桁與航同，是浮橋的意思。南朝建康有朱雀桁渡，為以舟濟河。所以桁、渡也有稅。

中古時期　賦役成制

在關、市之稅方面，南朝規定「軍人、士人、二品清官，並無關、市之稅。」這非哪一朝所制，而是南朝的「舊制」。

除此以外，南朝尚有行之於蠻族和俚族的賦稅，叫做「賧物」。某些少數民族以財物贖罪稱「賧」。還有行之於官吏的賦稅，叫做「修城錢」。做官者只要滿二十天，就要送修城兩千錢。此制在南朝一直延續下來。

以上所述南朝賦稅，主要的仍是貲稅，其次才是關稅。由於南朝的貲稅已具有財產稅的性質，對財產少的人來說，減輕了負擔。

南朝庶民需擔當徭役。丁有半丁、全丁，役有半役、全役之分。全丁就是成年男子。南朝宋的王弘建議：「十五歲至十六歲宜為半丁，十七歲為全丁。」這個建議為宋文帝所接受，成為一種定制，齊時未見改變。

南朝徭役還有「吏姓」、「事力」、「滂民」等。吏姓承自魏晉吏家。事力或稱「力」，一般為官僚傔人服役。滂民是雜役之民，多用之於山澤。至於多少戶出一個滂民，則各縣不等，比如山陰縣是「每百戶一滂」。

南朝能免除徭役的，只有士族。有的庶民為了逃避徭役，就買通有關官員，在黃籍上改為士流。一入士流，便可使役別人。

改為士流主要是更改出生年月，謊報爵位，而這種爵位，不一定要父親、祖父、曾祖父的爵位，可以是遠祖的爵位。註上後他就可以變成士族，就可以免除徭役，使役別人。改

注籍狀的問題，到齊時非常嚴重。因此齊武帝不得不下令整頓黃籍。此後徭役制度發生了變化。

北朝的賦役制度確立於三九八年設置的八部大夫，負責功課農耕，量校收入。

鮮卑拓跋部族的「八部」體制，創始於部落聯盟時代，當時將王室直接統轄以外的「國人」分成七個部分，分別由其七個兄弟統領，形成拓跋部族的「宗室八部」，諸部之長稱為「大人」。宗室八部是拓跋部落聯盟的主幹力量，也是後來拓跋朝廷政權發展壯大的基礎。

拓跋政權入主中原之初，基於鞏固政權和保持拓跋貴族特權的需要，在職官體制上採取了雙軌制：一方面仿行中原漢族朝廷的政權結構；一方面繼續保留著拓跋部傳統的部落組織形式。

此時的八部大夫實為全國的行政長官，並非單單是管理諸部的首腦。北魏的賦法對八部同樣適用。北魏建立之初，在賦法上承繼晉朝租調九品相通。

四八五年，北魏孝文帝拓跋宏頒布《均田令》。它規定：把荒地分配給農民，成年男子每人四十畝，婦女每人二十畝。

授田有露田、桑田之別。露田種植穀物，不得買賣，七十歲時交還朝廷。桑田種植桑、榆樹，不需要交還朝廷，可以出賣多餘的部分，買進不足的部分。

奴婢與耕牛也可按規定領種土地，但每戶只能讓四頭耕牛領取土地。授土地時還對老少殘疾鰥寡給予適當的照顧。

古代稅賦：歷代賦稅與勞役制度

中古時期 賦役成制

　　這樣一來，開墾的田地多了，農民的生產和生活比較穩定，北魏政權的收入也增加了。

　　北齊和北周繼續實行均田制。北齊的租調比北魏民調一夫一婦帛一匹，粟兩石要重。北周在徵收上，規定了青年、中年、老年之別，這是賦法上的一個改進。

　　在均田制外，北朝尚有屯田制。比如北魏就曾進行屯田，田賦上「一夫之田，歲責六十斛」，免其正課並徵戍雜役。再如北齊也於緣邊城守之地屯田，田賦上無具體規定，只是年終根據收入來定。這是在均田和民調之外的另一種田制和稅制。

　　在徭役的征發上，各朝都有服役輪番的現象。徭役的任務包括築皇宮垣、運輸等，其中最為重要的仍舊是租調運輸。

　　北朝又有所謂「城民」、「府戶」、「隸戶」、「吏」等，他們是卒役與兵役的主要來源。

　　城民的來源是被征服的和被遷徙的各族人民。城民的身分如同「皂隸」。城民的子孫還是城民。他們不僅要負擔各種雜役，而且還有「兵貫」，父子相襲為兵。

　　城民分佈地區廣大，西至涼州，北至朔州，東至兗、徐，南至荊州，無不有城民。他們是北魏統治者勞動力和兵員的一個重要來源。

　　北魏的府戶及兵戶、軍戶置於邊境地區。這種戶服的是兵役，在平時也被他們的上司役同廝養。

八部在邊鎮當兵，原來不在府戶之列。但自孝文帝遷都以後，八部地位下降，被視同府戶。

孝明帝時，北魏諸州鎮有軍籍的府戶、鎮人或城民都被廢除了，他們都成了郡縣編民。

然而軍隊不能沒有，原來兵員的來源靠府戶與城民，現在他們既已為民，也要服兵役。

隸戶在魏初便已存在。隸戶用於雜役，與城民不同的是，城民歸地方管理，隸戶則由朝廷掌握；城民為朝廷提供雜役與兵役，隸戶則只提供雜役。

城民始終屬於朝廷，隸戶可以用來賞賜，而一經被賞於他人，便成為私役。城人至魏明帝時已不存在，可隸戶依舊存在。

吏在南北方都有。北朝又有事力，也就是吏役。州、郡、縣事均由在官當無月薪的小吏充當。

北周武帝時，對魏初以來北方人戶複雜化進行了大澄清。此後無論勞役與兵役，均由郡縣編戶擔負，勞役與兵役一致起來。北周丁兵合在一起，出現「八丁兵」、「十二丁兵」之類，原因也在此。

免役免賦在北朝也有它的規定。北魏鮮卑族高門子弟去當兵的，可以享受「復除」的特權。這種復除指的是賦稅。

在北朝民役方面，有一個值得注意的新現象，是納資代役的出現。這是北魏百姓已可用絹布代替現役的徵象。這與南齊不收粟、帛、雜物而收錢，具有同等進步意義。

閱讀連結

　　北魏孝文帝改革涉及政治、經濟、文化等各個領域，範圍極其廣泛，內容也極為豐富。

　　改革過程中，他在均田制的同時又頒布了與之相聯繫的三長制和租調製。均田制使農民分得了一定數量的土地，將農民牢牢束縛在土地上，成為朝廷的編戶，保證了地主們的基本利益及土地私有制。三長制是立鄰、裡、黨三長，控制人口，征發賦役。而租調製則相對減輕了農民的租調負擔，改善了農民的生產生活條件，從另一方面促進了生產力的發展。

▎隋代賦稅制度與徭役

■ 隋文帝楊堅畫像

隋代的「輕賦稅」是隋文帝楊堅時代的財政徵課的基本原則。隋代提高了成丁納稅的年齡，降低了納稅數額，縮減了丁男每年服役的時間，同時還有一些豁免的規定。

這些賦稅制度，是隋代的重要財政措施，也是對稅收理論的重大貢獻，更是推動隋代生產發展，經濟繁榮的根本原因。隋代賦稅制度不僅使人民衣食富足，而且使財政收入到達了封建社會歷史未有的豐富時期。

隋文帝楊堅繼位後，為了穩定當時的政治局面和加強朝廷集權制，採取息事寧人的安民政策。在短短的三十八年中，不僅恢復經濟，而且在封建史上出現了空前的未有的富盛景象。

這一成就的取得，與隋代的均田制以及與之相適應的賦稅制度關係極大。

隋以前的朝代雖然實施了均田制，由於不完全具備實施均田制的條件，不與當時生產力狀況相適應，對經濟發展未能起推動作用，故不能致富。而隋代的均田制很快使其社會穩定、經濟發展、繁榮。

這正是隋代已經具備了實施均田制的條件所產生的結果。

均田製作為中國封建社會歷史上的最好的土地制度，它的實施必須要具備幾個條件：一是要有完善的戶籍，因為它是按人計徵；二是人口要有增無減；三是開墾的土地面積要大。

　　這三個條件在隋朝開國後已經完全具備。這樣，均田制很快在隋代順利推行，並產生了良好的效果。

　　與前朝的均田制相比，隋代的均田制內容豐富。表現為以下幾個方面：

　　第一，它不僅有對一般農民的授田規定，而且還有官吏的永業田、職分田、公廨田的規定。此外，還有丁男、中男授田的規定，篤疾、廢疾、老、小授田的規定，園宅地的規定等。而在北齊均田制中只有對農民授田之規定，其他的規定都沒有。

　　第二，在一般農民授田之規定上也有異於北齊。北齊規定：「一夫授露田八十畝，婦四十畝……又每丁給永業田二十畝為桑田。」隋朝規定：「其丁男、中男授永業露田。」當時北齊沒有中男授田之說。

　　第三，隋代在對人丁的劃分上也與前幾朝不同。北齊規定：「男十八歲以上為丁，丁從課役，六十歲為老。」隋代規定：「男以二十一歲為丁，五十八歲為限，實行從丁課，同時把十八歲至二十歲劃為中男。」從而出現了對丁男、中男兩種不同年限的授田方法。

　　這一劃分，反映了力役在隋代得到不同限度的豁免，調動了勞動者的生產積極性，同時也反映出隋代經濟之富強。

　　隋代在均田制基礎上採取的賦稅制度，雖然用北齊租調製，但透過實施「人丁稅」進行了減免。

　　人丁稅是隋文帝楊堅以北周田製為依據，參酌北齊的均田制度。隋代以一夫一婦為狀，以「床」為課徵單位，以「男」

為主體。規定丁男一床課徵租粟三石；調絹絁一匹、綿三兩，或者調布一端，麻三斤；單身男子、僕人、部曲稅額減半，非應授田口皆不課稅。

同時，還作了減免規定：「單丁及僕隸各半之，未授地者皆不課，有品爵及孝子順孫，文夫節婦，並免課役。」

至隋煬帝楊廣時，由於戶口的增多，朝廷決定婦人和奴婢免除課稅。

隋代賦稅明顯是以「丁」為計稅依據，丁男得到田地以後，才要利用耕種的作物繳納戶稅和田賦，其他人則依身分不同而有其課徵額度。

賦稅的輕重，可以對人民產生收入效應和替代效應，在此基礎上發揮賦稅的激勵作用和反激勵作用。隋代的賦稅政策，對人民的生產產生了激勵作用，使隋代均田制得以順利進行。

為了做到課徵的公平，隋代還要求亂世期間豪族的隱戶，必須要獨自設立戶籍，作為朝廷編定戶籍的依據和基礎，申報不實者予以處罰，並為此制訂了「納籍之法」。它是隋代制訂戶等和納稅標準的辦法。

五八五年，左僕射高熲鑒於兵役、力役、稅收、授田等都與戶等有關，而當時戶等的劃分因長吏怠情，多有不實，於是建議由朝廷確定劃分戶等的標準，叫做「納籍定樣」，頒布到各州縣。

古代稅賦：歷代賦稅與勞役制度

　　這一政策規定，每年一月五日縣令出查，百姓三百家至五百家為一團，依定樣確定戶等，寫成定簿，即稱「納籍之法」。

　　利用這一方法，將大量隱漏、逃亡的農民轉為朝廷編戶，透過納籍定樣，剝奪了許多士族豪門控制的依附民，削弱其經濟勢力，而增加朝廷的賦稅收入，為建立起比較完善的戶籍制度創造了條件，加強了朝廷集權。

　　由於隋代在調查戶口和課徵稅收方面的得力措施，有效防止了官民不法，做到了課徵公平。課徵的公平使得人民樂於繳納，田賦收入大增，朝廷物資充裕，人民同享富庶。

　　在徭役方面，隋王朝在五八一年規定，男丁二十一歲必須服正役直至六十歲，每年服役一個月。

　　五八三年，隋王朝還把每年服役日數改為二十天，調絹由原來的四丈減輕為兩丈。

　　五九○年，又規定五十歲以上一律免役，可以用錢、物、布帛，代替防戍兵役，稱為「免役收庸」。

　　這時候的「免役收庸」還很嚴格，有年齡限制，也只限於兵役可以抵免。但從更寬泛的意義上看，已經是「以庸代役」的突破。

　　「免役收庸」標誌著長期以來束縛在人民身上的力役枷鎖得到解放。同時，由於年齡提高後，在原先二十一歲授田的規定沒有改變的情況下，農民在達到授田年齡以後，就可以有三年不納租調，不服徭役。

上述這些政策和措施在實施過程中，大抵都依照法令規定。即使是在將作大匠宇文愷營建廣通渠的時候，也沒有超期徵用民工的紀錄。

隋初兵制大體承襲西魏、北周的府兵制，從強壯的農民中挑選士兵，免除他本身的徭役，平時從事生產，農閒時則從事軍事訓練。無論平時戰時，都由各級軍官督率，而且單立軍籍。

隋初規定，役齡內的府兵，輪番服現役。未服現役的府兵，由管理軍戶的軍場場主或鄉團團主管理，平時定期集中訓練，有事則應召從軍出征。

五九〇年，全國統一剛剛完成，為適應新的形勢需要，隋文帝就對兵役制度進行了重大改革。改革的核心內容是把軍戶編入民戶。

編入民戶的軍戶不再存在，但軍人軍籍依舊，與軍府的關係也沒改變。無論在役、在軍或在家，凡屬軍役範圍內的事，都歸軍府管理。這次改革的實質是變兵民分離為兵民合一。從此，魏晉以來形成的世兵制開始為普遍征發所代替，從而擴大了兵源。

隋朝這種兵民合一的制度，與它的均田制和租庸調制是聯繫在一起的。隋朝規定，丁男每年服兵役一個月，服役時的衣糧裝備由個人負責。丁男服役期間，租調全免。由此可見，隋府兵制的基礎是它的均田制。

閱讀連結

隋代徭役中的一個重要項目就是開鑿大運河。

隋文帝楊堅於五八四年命宇文愷率眾開鑿了長一百五十多公里的廣通渠。這是修建大運河的開始。

隋煬帝楊廣登基後，為了使長江三角洲地區的豐富物資運往洛陽，分別於六〇三年、六〇五年、六一〇年開鑿了永濟渠、通濟渠和江南運河，並對邗溝進行了改造。這樣，洛陽與杭州之間全長一千七百多公里的河道，可以直通船舶。京杭大運河的通航，促進了沿岸各業的迅速發展。

▌唐代賦稅制度與徭役

■ 唐太宗畫像

唐代作為中國歷史上最為強盛的朝代之一，其完善的賦稅制度對其發展有著重要的影響。

唐代「均田制」放寬了對土地買賣的限制，更加速了「均田制」的崩潰。

租庸調制的出現表現了其進步性，並在唐初配合均田制的情況下，使農民生產時間有了保證，負擔的賦役相對減輕，使得許多荒地開墾出來，朝廷的賦稅收入有了基本保障，府兵制也得到鞏固。

唐代初年，為了社會的穩定和經濟的發展，唐太宗等君臣們經常以歷史興衰作為借鑑，注重吸取歷史教訓，採取一系列的財政經濟改革措施。其賦稅方面主要有均田制、租庸調制，以及後來的兩稅法等。

唐代均田制明確規定，十八歲以上的中男和丁男，每人授口分田八十畝，永業田二十畝。老男、殘疾授口分田四十畝，寡妻妾授口分田三十畝。

這些人如果為戶主，每人授永業田二十畝，戶分田三十畝。工商業者、官戶授田減百姓之半。道士、和尚給田三十畝，尼姑、女冠給田二十畝。此外，一般婦女、部曲、奴婢都不授田。

唐代均田制還規定，有爵位的貴族從親王到公侯伯子男，授永業田一百頃遞降至五頃。職事官從一品至八、九品，授永業田六十頃遞降至兩頃。散官五品以上授永業田同職事官。勳官從上柱國到雲騎、武騎尉，授永業田三十頃遞降至六頃。

中古時期 賦役成制

　　此外，各級官僚和朝廷，還分別領有多少不等的職分田和公廨田，職分田的地租作為官僚俸祿的補充，公廨田的地租作官署的費用。這兩種土地的所有權歸朝廷。

　　貴族官僚的永業田和賜田可以自由出賣。百姓遷移和無力喪葬的，准許出賣永業田。遷往人少地多的鄉和賣充住宅、抵店的，並准許賣地分田。買地的數量不得超過本人應佔的法定數額。

　　唐代在均田的基礎上，制訂了租庸調制。規定田有租，戶有調，身有庸，外有雜役。

　　租制規定：每丁每年要向朝廷繳納租粟兩石。此外對嶺南等特殊地區實行輕稅政策，嶺南諸州納米，上戶納米一點二石，次戶八斗，下戶六斗。

　　庸制規定：每丁每年需要為朝廷無償地服徭役二十天，閏年加兩天；不服勞役的人，要納絹或布代替，一天折合絹三尺，謂之庸。

　　庸是應服役者而不去服役的一種折納，不是一般的賦稅，而是以交納實物來代替勞役，故具有免役金的性質。

　　如果朝廷額外加役，加役十五天，免調；加役三十天，租調全免。每年的額外加役，最多不得超過三十天。

　　唐代除正役之外還有雜役。唐代基本的徭役負擔，每年一丁相當於三十天至五十天。

　　對於遭受水旱蟲蝗等自然災害的地方，又有減免租庸調的規定。

災情在四成以上，免租；災情在六成以上，免租調；災情在七成以上，課役全免調的規定。

調製中的「調」調是戶稅，即戶為徵收對象與徵收單位，以丁立戶，以實物繳納，也可以貨幣繳納銀十四兩。

調製規定：每丁每年納絹或綾兩丈，綿二兩；不產絹綿的地方，交納布二點五丈和麻兩斤。

七三七年又作了新的規定，布帛要求一點八尺寬，四丈長才算一匹；布五丈才算一端；綿六兩為屯，絲五兩為絢。如一戶所納之物，不成匹、端、屯、的，都要折湊成整數。

唐代租庸調制，自唐高祖李淵時規定，經唐太宗整頓，歷唐高宗、武則天、唐中宗至唐玄宗開元年，一直未變。

在這段日子裡，經濟逐步發展，戶口也逐年增加，朝廷財政也有了結餘，國庫也充實起來，出現了唐初社會經濟繁榮的景象。

租庸調制以外的雜稅，主要則為「兩稅法」。

七八〇年，唐德宗時的宰相楊炎鑒於當時賦稅徵收紊亂的情況，建議實行兩稅法，為唐德宗所採納。

「兩稅法」規定：按各戶資產定分等級，依率徵稅。首先要確定戶籍，不問原來戶籍如何，一律按現居地點定籍。取締主客戶共居，防止豪門大戶蔭庇佃戶、食客，制止戶口浮動。依據各戶資產情況，按戶定等，按等定稅。

古代稅賦：歷代賦稅與勞役制度

中古時期 賦役成制

實施辦法是，各州縣對民戶資產，包括田地和動產不動產進行估算，然後分別列入各等級，共三等九級，釐定各等級不同稅率。

地稅以實行兩稅法的前一年，即七七九年的墾田數為準，按田畝肥瘠差異情況，劃分等級，釐定稅率徵課。

其中丁額不廢，墾田畝數有定，這是田和丁的徵稅基數，以後只許增多，不許減少，以穩定賦稅收入。

「兩稅法」的徵稅原則是量出制入，統一徵收。即先計算出各種支出的總數，然後把它分配出各等田畝和各級人戶。各州縣之內，各等田畝數和各級人戶數都有統計數字，各州縣將所需糧食和經費開支總數計算出來，然後分攤到各等田畝和各級人戶中。這就叫「量出制入，統一徵收」。

「兩稅法」的徵課時期分為夏秋兩季。這主要是為了適應農業生產收穫的季節性，由於農業的收穫季節是夏秋兩季，所以在夏秋兩季向朝廷繳納賦稅。

徵課資產按錢計算。因為要按資產徵稅，就必須評定各戶資產的多少，就必須有一個共同的價值尺度，這就是貨幣。所以兩稅的徵收，都按錢計算，按錢徵收。

但是有時將錢改收實物，朝廷定出粟和帛的等價錢，按錢數折收粟帛。

「兩稅法」是符合賦稅徵課的稅目由多到少、手續由繁到簡、徵收由實物到貨幣的發展規律的。它是適應農業生產力提高，社會經濟繁榮與貨幣經濟發展的客觀要求的。按社會貧富等級，資產多寡徵稅也是合理的、公平的。

在徭役方面，唐代除了一般正役之外，尚有雜徭，也就是比正役較輕、較小的徭役，服雜徭稱為「充夫」。

征發方式並非按戶徵調，而是以人口數為準；使役地點多在州縣境內，但地方朝廷沒有隨意派遣伕役的權力，必須經過一定手續才得以派遣。

原則上，丁男規定要服正役，沒有一定必須要服雜徭，但若服雜徭兩日可折抵正役一日。

有別於丁男，唐代將十六歲者稱「中男」，中男就有服雜役的義務，役期十天，但若充夫滿四十日，則可免戶內一丁之丁租。因此，丁男必須義務服正役二十天，中男義務充夫十天，都體現了雜徭「輕」、「小」的特點。

雜徭的內容有臨時性事務，也有相對固定的工作。如水利設施所需要的伕役，或是修繕鹽池設備、官田營種、興修水利、修城、門夫、守橋丁等勞動。使役範圍廣泛，不似正役載入律令正式規範。

有時哪些是中男充夫的工作，哪些是丁男折抵正役的工作，也不易清楚區分。這說明唐代的徭役是很輕的，切實做到了減輕人民的負擔。

兵役制度是隨著朝廷的形成而產生，又隨著朝廷的政治和經濟體制的變化及戰爭的需要而得到發展。歷史上鼎盛的王朝莫不如此，大唐王朝也不例外。

唐前期主要實行府兵制條件下的徵兵制。府兵的來源，是由軍府所在地從「六品以下子孫及白丁無職役者」中挑選，

每三年選拔一次。府兵從二十一歲服役，六十歲免役，服役期間免本身租調。

府兵經常性的任務是輪班到京城宿衛，叫做「番上」，有時也到其他地方出征和戍防。除外出執行任務時期外，府兵不脫離自己的鄉土和農業生產，只有冬季集中進行軍事訓練，實行所謂兵農合一制。

戰時，朝廷從各地調集軍隊，高級將領都是臨時委派，戰爭結束後，兵散於府，將歸於朝。

唐玄宗後期，由於邊鎮的軍事力量不斷地擴大，導致唐的軍事形勢由原來的「內重外輕」逐漸變成「外重內輕」。

七三七年，唐玄宗詔令各道節度使，招募自願長駐鎮、戍的健兒，並允許家屬隨軍，官給田地屋宅。至七四九年，唐玄宗將府兵制度廢除。

唐後期實行募兵制，當時的神策軍、藩鎮兵大多是招募來的。招募數額由朝廷確定，各藩鎮具體負責募集。

朝廷一般號召自願應募，以身體健壯，有一定身高，會使用某種兵器為應召條件。

朝廷對招募作了規定：允許家屬隨軍居住；給士兵發放衣、糧和醬菜錢；給兵士發放養活家口的薪俸，方式是應募、征戰、捉賊等皆有賞賜。

另外，招募兵士無服役年限規定，但有淘汰老弱病殘即揀放的要求；因作戰陣亡的將士，允許其子弟從軍，如無子弟，死者家屬可領其三五年的衣糧，傷殘者終身不停衣糧。

閱讀連結

有一年，唐太宗派人徵兵。

有個大臣給他提出了一條建議，不滿十八歲的男子，只要身材高大，也可以征。

唐太宗考慮再三，最終同意了。

但是詔書卻被魏徵扣住不發。唐太宗詢問魏徵緣由，魏徵說：「把湖水弄乾捉魚，明年湖中就無魚可撈了；把樹林燒光捉野獸，明年就無獸可捉了。如果把那些身強力壯，不到十八歲的男子都征來當兵，以後還從哪裡徵兵？朝廷的租稅雜役，又由誰來負擔？」

唐太宗聞聽此言，很懊悔自己的錯誤。他重新下了一道詔書：免徵不到十八歲的男子。

古代稅賦：歷代賦稅與勞役制度

近古時期 順勢建制

近古時期 順勢建制

　　從五代十國至元代是中國歷史上的近古時期。五代十國時期，各國財政制度不統一。後周世宗順應社會的發展，進行財政改革，在一定程度上推動了經濟的發展。

　　宋元之際各項經濟制度的制訂和實施呈現出新的特點，既有中原的制度，又有少數民族本族舊制。

　　中古時期的賦稅和徭役幾經變遷，順勢而建，促進了整個社會經濟的進一步發展，從各個側面顯示出了這一時期的時代特徵。

█五代十國的賦役制度

■ 朱溫畫像

　　五代十國時期的賦役徵收仍沿用中唐的舊制，實行兩稅法，分為夏秋兩季兩次徵收，並時常檢核農民的現墾耕地，並據以確定歲租的額度。但各國在稅收上也有不少自己的辦法，比如在兩稅以外，有隨田賦帶徵的附加稅，農器錢、曲錢、牛皮稅和進際稅等。

　　此外，還有按人徵收的丁口錢、鹽鐵稅、絹帛稅等雜稅。

　　由於戰爭的頻繁，這一時期的兵役制度被各國普遍重視，也出現了許多不同的形式。

　　五代是指先後佔據中原地區的五個王朝，即後梁、後唐、後晉、後漢、後周；十國是指在江淮以南據地稱王的九個小國，即前蜀、後蜀、吳、南唐、吳越、閩、楚、荊南、南漢，外加在太原一帶的北漢。

五代十國時期的賦役徵收與徭役征發，無論在內容還是在形式上，都體現了鮮明的時代特色。

　　五代十國時期的賦稅，主要包括田賦、專賣、關市稅和各種雜稅。

　　五代的田賦沿襲中唐舊制，行兩稅法，分夏秋兩次徵收。兩稅的納稅額，是按照土地的多少和田畝的優劣而制訂的，史書記載了江南南唐的田稅交納額：上田每頃稅錢兩千一百文，中田每頃稅錢一千八百文，下田每頃稅錢一千五百文。

　　兩稅的起徵時間，在後唐明宗時，按照各地季節的早晚，規定了起徵時間。在後周世宗時，明令規定：夏部自六月一日起徵，秋稅自十月一日起徵，從此永為定制。

　　除了田賦這一正稅之外，還有「省耗」及「羨餘」等。省耗是朝廷為補償糧食在徵納過程中的損耗而增添的附加稅額，隨兩稅一起交納。

　　九二六年四月，後唐明宗下令罷納。後漢隱帝時，復令人民交納省耗，規定於兩稅之外，每納田稅一斛，加徵省耗兩斗，百姓苦之。省耗的交納，一直延續至後周太祖即位，才下令免除。

　　以上各種加耗，多歸地方朝廷，殘餘部分作為羨餘上交朝廷。除此之外，還有隨田賦帶徵的附加稅，主要有農器錢、酒麴錢、牛皮稅和進際稅等。

　　農器錢是對農民自制農具課的稅。九三一年，後唐明宗因朝廷經營的農具質次價貴，農民不願使用，改令百姓自鑄，

朝廷徵收農具稅。規定每畝納農器錢一點五文，隨夏秋兩稅交納。

　　五代的酒麴，有時官造，有時許民自造，朝廷徵稅，稱為酒麴錢。後唐明宗於九二八年規定，諸道州府鄉村人口，於夏秋田苗上，每畝納曲錢五文，一任百姓造曲釀酒。曲錢按田畝計徵，分夏秋兩季徵收。

　　牛皮稅是因連年用兵而需製造衣甲的牛皮所設立的稅收項目。五代各朝都嚴禁人民私自買賣牛皮，農民的耕牛死後，皮及筋骨要全部交給朝廷，朝廷只付一定的錢。

　　當時對牛皮稅的執行很嚴格。後漢時規定，凡私自買賣牛皮一寸者，處以重刑。後周太祖時規定，牛皮稅按田畝攤派，凡種莊稼土地，每十頃要交納連牛角在內的牛皮一張。從而牛皮稅也成了田賦附加稅。

　　進際稅為十國中的吳越所創。吳越國建立者錢鏐佔據兩浙時規定，每四十畝虛增六畝，畝納絹三點四尺，米一點五斗。桑地十畝虛增八畝，每畝納絹四點八尺。

　　五代十國時期，田賦除了交納兩稅之外，還有絹帛的徵納。十國中的楚國謀臣高郁治理湖南時，聽說湖南民眾自己採茶賣於北方商客，於是進行稅收，以養軍士。

　　當時為了促進楚國經濟作物生產與發展，高郁下令此稅可以用絹帛代替。如此一來，「民間機杼大盛」。楚國的政策促進了茶葉和絲織業的發展，也間接地促使生產方法與品種的改進。

由於戰爭不斷，各國財力不足，五代十國對食鹽的限制很嚴，實行食鹽專賣或徵稅。

　　後梁時，沿襲唐制，實行民製、官收、商運、商銷的辦法。後唐時，規定鹽民應納鹽稅，每產一斗鹽，要交納一點五斗的米作鹽稅。一般居民按戶等徵收鹽稅，戶分五等，每戶兩百文至一千文不等。

　　五代十國時期，朝廷對鐵的專賣限制很嚴，全部由朝廷實行專賣，嚴禁人民鑄造鐵器。直至後唐明宗時才下詔開鐵禁，允許百姓自鑄農器、什器。但同時規定，於夏秋田畝之上，每畝納農器錢一點五錢，隨夏秋兩稅送納。

　　五代十國時期，對酒有時實行專賣；有時實行徵稅。後梁時，未執行酒榷，聽民自造，朝廷不加禁止。後唐時禁酒麴，朝廷實行酒專賣。對私造酒麴五斤以上的人，處以重罪。

　　五代十國時期，除了對農民徵收賦役之外，對商人也予以重課。當時的商雜稅主要包括關稅、市稅、茶稅、商旅通行稅、油稅、蔬果稅、桑稅、橋道錢、牛租等。

　　五代十國時期，藩鎮割據，各地廣設關卡，對來往商人課稅。

　　五代自後梁開始，各地設有場院，專門對商品的買賣徵稅，所徵稱為「市稅」。當時市稅稅法很亂，幾乎是逢物必稅。後唐明宗時，曾下詔令整頓稅法，確定徵稅商品的名目。五代時期，市稅的稅率約為百分之二。

　　五代十國時期，設置茶稅場院，對茶葉徵稅。如後梁末帝朱友貞時，鹽鐵轉運使敬翔奏請於雍州、河陽、徐州三處

重要場院稅茶。當時稅率已無從考據。十國中的楚國，以茶稅和茶專賣為朝廷主要稅源。

五代十國時期，為了朝廷財政需要，在不同時期，不同地區徵收多種雜稅。吳越對捕魚的稅收，規定必須每日交納數斤，稱之為「使宅魚」。

五代十國時期的徭役是那個時代所決定的。五代主要實行募兵制。當時徵集在鄉的壯丁為兵，這就是鄉兵。

後晉在各個道、州、府、縣點徵集鄉兵，規定七家稅戶共出一兵，並以「武定軍」為號，後改「天威軍」。但因鄉民不嫻軍旅，不久就取消了這一徵兵方式。

除經常的龐大軍費開支外，五代的軍將對士兵的賞賜很多，比如後漢高祖劉知遠就曾經把後宮所有資財拿來勞軍。

兵役以外，還有土木修建的勞役。比如後梁荊州節度使高季興建南平國後，曾經征發力役築城，後又用力役修築城的外郭和子城。此外，後唐莊宗盛暑修建營樓，都曾經徵用大量力役。

十國的徭役制度散見於史料，主要反映在兵役和力役上。在十國之中，南唐的徭役制度，比較典型地反映出整個南朝的徭役情況。

南唐力役主要表現在船戶力役、城建力役、宮殿力役、廟宇力役和苑囿力役等方面。由於江河縱橫，船伕力役的征發相當突出。

這個時期是江南城市發展的黃金階段，不僅都城的建造興師動眾，江南許多地方州城建設也緊鑼密鼓。洪州、歙州、池州、潤州等城池的修葺拓建，也必是力役所為。

　　營宮造殿，修廟造陵，在南唐顯得尤其突出。今天，我們能從南唐後主李煜「想得玉樓瑤殿影」、「鳳閣龍樓連霄漢，玉樹瓊枝作煙蘿」、「還似舊時游上苑，車如流水馬如龍」等詞句中，遙想當年南唐宮苑雕欄玉砌的豪華盛景。這些詞句，客觀地反映了當年力役的偉大智慧。

閱讀連結

　　李昇是南唐建立者，原稱「徐知誥」。

　　他在位期間，勤於政事，有時日夜連續地批閱奏章，設宴奏樂之類享樂的事也很少做，為大臣們做出了表率。

　　但對於為國犧牲的人他毫不吝嗇，一般都給家屬三年的俸祿，對農田的賦稅也儘量公平；他派使者到各地去調查記錄各戶農田的肥瘠，然後分出等級納稅，百姓紛紛稱其公允。從此江淮一帶調兵和攤派賦役時就以土地的肥瘠為標準，杜絕了官吏的層層盤剝，從根本上減輕了百姓負擔。

▎宋代賦稅制度及徭役

■ 宋太祖趙匡胤畫像

　　宋代商品經濟的發展廣泛而深入，使宋代各項經濟制度的制訂和實施呈現出新的特點，而宋代賦稅制度的變遷，正是這些特點的充分體現。

　　宋代賦稅制度變遷所發揮的作用，有利於社會經濟的進一步發展。宋朝徭役制度與賦稅、保甲、胥吏等制度以及農民的生活等關係緊密，是朝廷對基層社會進行有效管理的重要制度，對宋朝社會的發展和國計民生具有很大的影響。

　　宋代的賦稅，沿用唐朝中期以來的兩稅制，夏秋兩次徵收。但宋代兩稅已不同於合租庸調制為一的兩稅，而是以田稅為主，外加兩稅之外的雜稅和徭役等。北宋和南宋的賦稅和徭役各有不同。

北宋田稅法令規定，向土地所有者按土地的數量好壞收稅，每年夏、秋各收稅一次，又叫夏稅、秋苗、秋稅。

每年秋收後按畝徵收的糧食，在北方各地，大致是中等田每畝收穫一石，納官稅一斗；在江南、福建等地，畝稅三斗。宋代秋稅一般不按實際產量抽稅，而按畝定額徵稅，因各地農業生產情況不同，所以稅額也有較大的差異。

夏稅收錢，或折成綢、絹、綿、布、麥繳納，在夏季田、蠶成熟時徵收。稅額依上、中、下田的等第按畝規定，但各地區也有很大的差別。

北宋的役法有差役和伕役。差役是地主對朝廷的職役，伕役是指農民被朝廷調發服勞役，它們是性質完全不同的兩種制度。

差役又稱職役，包括現任文武職官和州縣胥史，以及形勢戶和官戶。豪族稱形勢戶，官員家屬和他們的後代都稱官戶。王安石的免役法規定，形勢戶和官戶享有免役特權。差役由主戶中的一、二、三等戶，即大小地主充擔。

衙前的職責是替朝廷看管倉庫或押送財物。法定要由資產在兩百貫以上的一等戶大地主充當。擔當衙前職役，可免科配、折變，並可授予官銜，三年一升，最高可升到都知兵馬使。

里正、戶長、鄉書手的職責是替朝廷督催賦稅。里正催收租賦，有權捕人送縣衙。戶長是里正的副手。鄉書手幫助里正辦理文書。法定里正由一等戶輪流充當，戶長由二等戶充當，鄉書手由三等戶充當。

古代稅賦：歷代賦稅與勞役制度

近古時期 順勢建制

　　按宋代法令規定，差役是在上戶中按戶等派差的。事實上，官戶、形勢戶不服役，女戶、單丁戶、僧道都免役。充當弓手和壯丁者，要自備衣裝弓弩；武藝熟練者，要隨時準備服役。

　　伕役又稱雜徭。負擔伕役的多是下戶的自耕農、半自耕農。同時，佃農編為客戶，作為朝廷的編民，也要按丁口應伕役。因此，北宋的伕役主要來自於自耕農、半自耕農和佃農。丁夫應役期間，朝廷也發一定的錢物。

　　伕役沒有固定的時日規定。在春耕以前調發者稱春夫，因工事急迫調發的稱急夫。北宋的朝廷和地方官都可以調發農民應役。

　　較大規模的伕役項目是修濬河道，比如治理黃河水害，北宋幾乎年年要調發役夫堵塞黃河決口或修築黃河堤壩。大規模的治理工程調發河工幾萬至十幾萬。徵調的地區遠到河東、京西、淮南等路。征期一般需要一兩個月。毋庸置疑，河工治理黃河是個偉大的歷史功績。

　　北宋的役包括職役和伕役兩種，但兩者的性質並不相同。職役不可與軍旅及土木之役混為一談，一般應當排除在徭役範疇之外。

　　從總體上看，北宋普通農民的徭役負擔，較之前代確有減輕。其主要依據有：

　　第一，北宋時募兵制已佔居主導地位，兵源既不像唐代前期那樣調集世襲軍戶，也不像南唐那樣調全國農民，而主

要是來自招募和僱傭的普通老百姓。從這一點看出，北宋農民的兵役負擔確有減輕。

第二，北宋農民的主要徭役負擔是包括春夫和急夫在內的伕役。簡單地說，春夫即是只在每年春季調農民治理黃河，而急夫也只是臨時調集百姓林事修橋、補路等土木工程。

第三，伕役雇法的推行。一〇七七年十月，河北、京東、淮南等路出伕役，願納夫錢者聽從其便，每夫三五百錢。此外，在某些地方百姓甚至不再負擔雜徭，只交納免夫錢。如今屬河南的鄧州淅川縣，春夫交了免夫錢，就無需再服役。

其實，雇募丁夫的事早已出現於北宋初期。在當時，宋太祖趙匡胤曾一反役夫「不給口食」的古制，訂下「一夫日給米二升」的夫糧制度。此後，伕役雇法在越來越多的範圍內和場合下逐步推行。

宋室南遷後，朝廷採取大力發展社會經濟的措施。這些措施對南宋的賦稅和徭役產生了直接影響。

南宋時期，地主招募客戶耕種土地，客戶只向地主交納地租，不承擔其他義務。這種租佃制在南宋普遍發展，在大部分地區，客戶契約期滿後可以退佃起移，人身依附關係大為減弱。

同時，客戶直接編入宋朝戶籍，承擔朝廷某些賦役，不再是地主的「私屬」，因而獲得一定的人身自由。隨著商品經濟的發展，南宋農民可以比較自由地離土離鄉，轉向城市從事手工業或商業的活動。

古代稅賦：歷代賦稅與勞役制度
近古時期 順勢建制

　　在南宋官營手工業作坊中，僱傭制度代替了強制性指派和差人應役招募制度，工匠受到的人身束縛大為鬆弛。這種新的經濟關係，不僅推動手工業經濟的發展，又促使資本主義生產關係的萌芽。

　　南宋還設立義莊進行社會保障。義莊主要由科舉入仕的士大夫憑其秩祿買田置辦，用於出租，租金用來賑養族人的生活。義莊的設置在一定範圍內保障了族人的經濟生活。

　　南宋時期，農田得到更多的開墾，以「海上絲路」為主線的通商外貿發達，手工業生產也躍上新的台階。伴隨經濟生活的發展，一些稅賦種類的擴大是需要的。

　　同時，由於長期戰亂這一不利環境導致的財政，南宋朝廷也迫切需要開闢其他稅源。比如南宋初期開始徵收的新雜稅「經總制錢」等。

　　經總制錢是經制錢和總制錢的合稱。經制錢始於一一二二年，係經制江淮荊浙福建七路諸司財計的經制使陳遘所創。

　　包括轉運司移用錢、出賣係官田舍錢、人戶典賣田宅牛畜錢等。經制錢和總制錢兩者徵收後皆先管於各州，每季度起發送往南宋行在。南宋以增賦為主的理財措施，還是起了一定的作用。

　　除了增加稅種外，南宋朝廷還沿襲了北宋，主要有茶、鹽、酒、礬等幾項，涵蓋最為重要的生活必需品。南宋初年，局勢混亂，兩稅無力開徵或無法納往朝廷時，朝廷開支幾乎

全部出自鹽榷。當南宋政權穩定下來後，專賣收入牢牢地佔據了財政的半壁江山。

閱讀連結

宋王朝建立後，趙匡胤依據宰相趙普所提出的「削奪其權，制其錢穀，收其精兵」的十二字方針，分別從政權、財權、軍隊這三個方面來削弱藩鎮，以達到強幹弱枝、居重馭輕的目的。

在「制其錢穀」方面，趙匡胤設置轉運使來管理地方財政，並規定，各州的賦稅收入除留開其正常的經費開支外，其餘一律送交京師，不得擅留。這樣，既增加了朝廷的財政收入，又使地方無法擁有對抗朝廷的物質基礎。

▌遼西夏金賦稅和徭役

遼、西夏和金三朝的賦稅制度及徭役制度各具不同特點，其稅法和役法既有本族舊制，又有中原的制度；既接受唐制的影響，又直接承襲宋舊制。

遼代賦役制度，是在實踐中不斷充實、完善的。其制既有因循，又有某些改變，因而從各個側面顯示出這一時期的時代特徵。

古代稅賦：歷代賦稅與勞役制度

近古時期 順勢建制

■金世宗蠟像

　　遼朝的賦稅制度沿襲後唐舊制，實行夏、秋兩稅制，並依據不同地區經濟發展狀況而制訂的，大體可分為州縣、部族與屬國、屬部三種類型。其賦稅徵收的對象，一是從事農耕的州縣民戶；二是隸屬遼朝部族的契丹等族的部民；三是邊遠地區的少數民族部族。

　　隸屬州縣的民戶，是從事農耕的漢族、渤海族等州縣的農民。朝廷每年徵收田地稅兩次，即六月至九月為一次，十月至十一月為第二次。主要包括匹帛錢、地錢、鞋錢、鹽鐵錢等。

　　匹帛錢是在納稅以外，每匹帛再納錢若干文。地錢是在正稅以外每畝另繳若干文，鞋錢是照地畝數再納軍鞋若干雙而規定的錢數叫做鞋錢。

　　鹽鐵錢為鹽稅與鐵稅。鹽鐵自漢唐以來，始終為朝廷專賣，遼朝也不例外。遼境內產鹽很多，上京有廣濟湖鹽濼，西京有豐州大鹽濼，南京有香河、永濟兩鹽院。上京設鹽鐵司，用以管理朝廷鹽鐵稅收事宜。

遼朝的賦稅，各地區間有所差別。東京道原屬渤海人聚居的地區，其中的酒稅可以免徵，鹽禁也較鬆弛；遼東地區為渤海人所居之地，對遼東地區賦稅的徵收，較其他地區為輕，這是為安撫渤海遺民而採取的特殊政策。

頭下軍州民戶的賦稅徵收，與一般州縣有別。關於頭下軍州的賦稅，元好問在《中州集·李晏傳》中說道：頭下軍州內的民戶要向頭下主和朝廷各交納租稅。頭下戶既納租於官，而且納課給其主，寺院兩稅戶也是如此。

遼朝的兩稅戶，不但指州縣頭下戶，還包括寺院的兩稅戶。遼朝崇佛，皇室貴族乃至地主和普通民眾，都盡其所能，把田產、錢財、房舍、人戶捐贈給寺院。

寺院的田產、房產因此而逐年增多。其中的「人五十戶」，是指隨同田產一同捐贈給寺院的民戶。他們依附於寺院主，每年收成所得，要納租給朝廷，還要納課給寺院主。

契丹、奚族部民隸屬於遼內部族，也承擔遼朝的賦稅。契丹部民從事農耕者，要向朝廷繳納賦稅，出勞役。契丹、奚族等部民，不但要承擔朝廷官員的俸秩供給，還要擔負俸秩外雜畜的供給。

地處邊疆地區的少數民族，與居於遼內地的居民不同，他們每年只需向朝廷提供土特產品，如貂皮、馬匹、駱駝等，但數額也不小。

在東北地區，越里篤、剖阿里、奧里米、蒲奴里、鐵驪等五部歲貢貂皮六萬五千張、馬三百匹；西北地區阻卜諸部，每年向朝廷的歲貢也有定額。其他如烏古部、敵烈部、鼻骨

德部、於厥里部、術不姑部、女直部，每年都要向遼朝進貢數額較大的土特產品。

遼朝對少數民族部族的貢賦，時有減免。

遼朝境內的牧民、農民以及諸屬國、屬部都承擔著向朝廷提供勞役和軍役的義務。由於身分、地位不同，所承擔的徭役名目也多種多樣。而官僚、貴族、諸節度使等卻享有免役特權。

隨著遼朝政治、經濟形勢的發展，制度逐漸完善，賦役制度也經歷了形成和完善的過程，大抵在遼聖宗時期逐漸確定下來。

契丹和奚人諸部牧民需出力役，承擔修橋、築路、搬運官物及其他工程。充役人數時有縮減。

當有軍情時，皇帝視所需，徵調諸宮衛、諸王府和諸部族軍。諸部民則需自備武器、鞍馬隨從節度使出征。平時，諸部也各有戍邊兵役。諸部戍軍由節度使管領，屯駐戍守地區。老弱貧病者留居部落，由司徒管領從事耕牧。

徭役農戶向朝廷提供的力役，有驛遞、馬牛、鄉正、廳隸、倉司等。主要用於運輸、保管官物，維持地方秩序，供朝廷驅使以及修河、築路等工程。

西夏建國初期，由於對宋朝頻繁發動戰爭，軍需糧餉主要靠對宋夏沿邊地區的掠奪。西夏中期是西夏封建經濟發展的鼎盛時期。西夏仁宗天盛時期頒行的《天盛改舊新定律令》中有關西夏賦役制度的規定完備而詳盡。

《天盛改舊新定律令》的第十五章至第十七章中關於農業租稅條，對夏國不同地區、不同農作物的納租標準、數量、納租時限、入庫，及逾期不交和逃租者的處罰等都規定至詳。

　　如規定無官方諭文，不許擅自收取租戶錢物及攤派雜役；農民可在所租土地邊上的沼澤、荒地上開墾種植，三年不納租稅。超過三年後，一畝納穀物三升。遇到嚴重的自然災害，朝廷也實行局部免稅措施。

　　除地租稅收外，工商稅也是西夏朝廷稅收的大宗。《天盛改舊新定律令》對工商業稅收有詳細的規定。如店鋪開業、牲畜乘船、邊境貿易、典當，甚至說媒、求助等，都交納稅金或實物稅。西夏還實行鹽、酒專賣，「三司」設鹽鐵使專門管理鹽鐵生產。

　　西夏的徭役，包括兵役和力役。西夏實行全民皆兵制度，凡成丁者都要承擔兵役。其中分直接擔負戰鬥的「正軍」和軍中勞役「負贍」。正軍除朝廷給予的軍事裝備外，要自備弓箭、盔甲等。

　　李元昊繼位後，西夏都大規模徵調民夫修築黃河水利。歷朝皇帝都不惜民力，役民興修都城、宮室、陵寢、寺廟。

　　金朝賦稅中的牛頭稅也叫牛具稅，是女真族軍事和社會組織單位猛安謀克中的各戶向朝廷所承擔的一種地稅。在金太宗以前，賦稅徵收沒有定制，根據需要的多少而定，後來才慢慢固定下來。

　　牛頭稅的徵收由土地佔有關係的性質而定。分配到牛頭地的猛安謀克戶，不分貴族與一般平民，都要按規定交納牛

頭稅，徵收額每牛固定為一石或五斗不等，不分收穫多少，都交納稅粟。

牛頭稅不是向猛安謀克戶中的奴婢口徵收，而是向佔有土地的猛安謀克戶徵收，這是金朝女真族奴隸制的稅制不同於封建制稅制的最重要的標誌。

金朝賦稅中的物力錢是按物力徵錢的資產稅。金朝物力錢的徵收，主要是根據土地、奴婢、園地、屋舍、車馬、牛羊、樹藝，以及貨幣等資產徵收賦稅。

金初的物力徵賦調，曾實行三年一大比制度。大比，就是每到三年，使天下通檢民數和物力，重新進行登記，以便徵課賦調。

至金世宗時，由於猛安謀克內部貧富變易，版籍不實，賦調不均，特別是新封建關係的增長，一方面為防止猛安謀克內部變化，抑制女真貴族；另一方面為對漢族等人民增加賦斂，因而需要在金的全區域內進行統一的物力錢的徵收。因此，按物力徵錢是金朝增加稅收的一種手段。

金朝兩稅是繼五代、遼、宋之後發展而來的，但它與遼、宋舊制比較，並非原封不動的承襲和照搬，而是在原有的基礎上又有了發展和改進。金朝的制度是官地納租，私田納稅。

關於兩稅徵收額和限期的規定是：夏稅畝取三合，秋稅畝取五升，此外納稭一束，一束十五斤。夏稅繳納期限，起六月，止八月；納秋稅期限，起十月，止十二月，分為初、中、末三限。

金朝兩稅徵收內容與宋不同，宋之兩稅中有錢，並且計錢扭折為絹帛之類，金則夏秋兩稅皆納粟米，無按田畝徵稅錢並扭折為絹帛之事。絹帛之稅另以戶調的形式出現，因之金朝兩稅實際上已發展為純粹的地稅的形式。

　　金朝兩稅已成為純粹的地稅，物力錢的徵課屬資產稅，同時在兩稅、物力錢之外有戶調的徵收制度。金朝法律規定，民田必須以其地的十分之三為桑地，猛安謀克田必須以其地的十分之一為桑田，或四十畝種桑一畝。除枯補新，嚴禁毀樹木。

　　金朝不僅按制令百姓種桑，同時也有徵收絲綿絹稅之制。此制分季繳納，所以有「夏絹」之稱。但絹稅已從兩稅分出，它既不隨田畝繳納，也不是田畝的附加稅。

　　金朝役法包括職役、兵役、力役。職役基本承宋舊制而來。金在京、府、州、縣分別設置坊正、里正、主首、壯丁，同宋的里正、戶長、壯丁頗同。坊正、里正都由富家出錢雇募，而主首、壯丁也可能由雇募充任。

　　兵役實行簽兵制度，是按每戶物力和人戶丁力兩種方法進行。《建炎以來系年要錄》記載：「金人民兵之法有二：一曰家戶軍，以家產高下定之；一曰人丁軍，以丁數多寡定之。」

　　這種簽軍的辦法，實際上把有物力負擔的課役戶與無物力負擔的不課役戶，通通作為簽發的對象。而且被簽發之後，還要自備衣糧。

力役同宋代一樣也是可以出錢代役。力役調集有民夫、工匠等。近者不下百里，遠者不下千里，近者回家，往往要經半年時間，遠者則需年末到家。

金朝品官免役與宋略同。金世宗即位後，下詔蠲除部分力役，把海陵王時征發南攻士兵大量裁還家，也算是減輕兵役負擔的一種措施。這些措施在一定程度上對緩和社會矛盾是有利的。

閱讀連結

金朝有一個被譽為「小堯舜」的皇帝，他就是金世宗完顏雍。金世宗在「減輕農民負擔」方面是很有建樹的古代名君。

海陵時農民的徭役、兵役負擔非常嚴重。為營建中都和南京，海陵王役使人夫工匠達三百餘萬；發動對宋戰爭，征發壯丁達二十七萬。

金世宗即位後，一一六二年正月，命河北、山東、陝西等路將征發的步軍放還回家。一一六五年，對宋戰爭結束後，又命除留守江淮的 6 萬戍軍外，其餘的都放還。

▌元代賦稅和徭役制度

■ 元世祖畫像

元代的賦稅制度和徭役制度同朝廷的經濟、政治制度一樣，是中國封建社會賦役制度的承繼，同時也有許多特異之處，對元朝的興衰有著重要的影響。

元朝的田賦和其它賦稅呈現南北異制，就是同一地區的賦稅，制度有很大差別。原因在於：統治者征服各地的時間不同，只能因時立制，不可能強求統一。

元代的商稅和鹽稅較之以前有所發展，並規定賦稅徵鈔；元代建立賦役冊籍，強化裡社制度，保障了徭役徵發。

元朝賦稅制度南北異制，就是同一地區的賦稅，制度也有很大差別。同時，元代由於商業的繁盛，使商稅無論是品類還是數額都有明顯增加，成為元朝財政的主要收入之一。

古代稅賦：歷代賦稅與勞役制度

近古時期 順勢建制

　　此外，因為元代貨幣經濟發達，朝廷以鈔為法定通貨，因此在賦稅中採取徵鈔的辦法。這些有別於前代的賦稅特點，體現在元代各個方面的賦稅法規中。

　　元太宗即位之初，接受耶律楚材建議，初定地稅之法，地稅的稅率「上田畝稅三點五升，中田三升，下田兩升，水田五升。」元世祖時，除江東、浙西外，其他地區只徵收秋稅。

　　一二八二年，江南稅糧按宋舊制折納綿絹雜物。一二九六年，才開始確定在江南徵收夏稅，以木棉、布、絹、絲等物交納。

　　元世祖之初，曾多次進行括田，履畝徵稅。這種括田，雖有增加田賦的意義，但以均平田賦為主。

　　一三一四年，元世祖採用大臣奏議，實行經理法，旨在括隱田，增賦稅。首先張榜，曉諭百姓，限四十天內，將其家所有田產田賦，自己向官府呈報，如有作弊，告發得實，或杖或流，所隱田產沒官。

　　元代初年，繼續實行鹽專賣，鹽利是元財政收入的主要支柱。元朝廷對其所屬鹽場實行不同的稅率制度，因地而異。朝廷對鹽實行定額稅，以白銀交納。

　　元代的茶稅也是朝廷的一項大宗收入。元代茶稅制度基本上是因襲了南宋舊制，實行茶專賣，間或在某一時期或地區徵稅，或兩者並行。

　　一二八八年，元朝頒布《榷茶條畫》，其主要內容有：茶園不得縱頭匹損壞；差官巡綽出差札者，不得夾帶私茶；

蒙古萬戶、千戶頭目人等，無得非理婪索榷茶酒食撒花等物等。

除上述鹽茶專賣外，元對酒醋等也實行專賣並課稅。元代對酒醋徵稅始於一二三〇年正月。

當時的規定是酒醋同稅，稅率為十取其一。由於徵收困難，特別是為了保證糧食的基本用途，所以實行官制官賣，設立酒醋務坊場官，專管酒醋製造和買賣事宜。至元代後期，實行榷徵的辦法，並大興造酒場所。

元代的酒醋稅大都以銀鈔繳納，這就是「賦稅徵鈔」的特點。但偶爾也徵收實物，如糧食。酒醋稅一直是元代重要的財政來源，減免情況甚少，加上大多實行專管，收入比較穩定。

元代時期的牲畜稅在當時稱之為「羊馬抽分」，是元代建立以前就有的蒙古最古老的稅種。有資料記載的元代牲畜稅始於一二二九年八月，當時由於戰爭的需要，規定凡蒙古人有馬百匹者及有牛、羊百頭者，各納其一。這種辦法一直持續至元代建立以後，前後近七十年沒有大的變化。

元代還實行市舶課稅法。元承宋制，對國內與海外諸國往還貿易的商舶及海外諸國來華貿易的船隻，統稱市舶。對中外船舶所載貨物的抽分與課稅，叫市舶課。

元代市舶課制度，初期沿襲宋朝舊制，實行抽分法，即對進出口貨物抽取定量實物。抽分之後，隨客商買賣，在販賣時另徵商稅。為鼓勵土貨出口，曾實行雙抽、單抽之法，對土貨實行單抽，對蕃貨實行雙抽，即加倍徵收。

古代稅賦：歷代賦稅與勞役制度
近古時期 順勢建制

　　元代商稅是一種交易稅，收入主要來自全國三四十處大中城市，但在財政收入的錢鈔部分中佔有重要地位，其重要性僅次於鹽課。

　　一二七〇年正月，忽必烈立尚書省，以回族人阿合馬平章尚書省事。阿合馬長於理財，採取多種措施，增加國庫收入。阿合馬規定了應徵商稅的總額，這成為有元一代通行的制度。

　　元代把大部分徭役作為專業，分撥一部分人戶世代擔負，如負擔驛站鋪馬的站戶，還有獵戶、鹽戶、窯戶、礦冶戶、運糧船戶等，這些人戶與民戶異籍。民戶不負擔這些專業性的徭役，但這些專業戶計負擔的其他徭役則由民戶按戶等分擔。

　　元代的戶籍制度十分繁雜。朝廷將全國人口按民族分為四等，即蒙古、色目、漢人、南人，並根據職業上的區別，分為軍戶、站戶、匠戶、僧道戶、儒人戶、種田戶等多種。

　　根據社會地位分成官戶、民戶、驅丁戶等；按籍戶的先後分元管戶、交參戶、漏籍戶、協濟戶等；按科差負擔額分絲銀全科戶、減半課戶、止納絲戶、推絲戶等。每戶等的待遇不同，賦役負擔差異很大。

　　為了便於對戶口的控制和賦役的征發，元代建立了一套賦役冊籍。朝廷憑藉這些冊籍控制土地、戶口，征發田賦、徭役。這種賦役冊籍後來為明代賦役黃冊所借鑑。

徭役民戶所負擔的徭役，有築城、排河、運糧、采打、木植、製作船隻器甲、馬草等都自民間征發。元初修建大都，每年都征發成千上萬的民夫來采運木石。

元代職役包括里正、主首、社長、庫子等名目。里正秉承朝廷的指令，管理裡社居民；主首催辦賦稅；社長功課農桑，糾監非違；庫子管理倉庫，主要由上等戶計承充。擔負職役的人就可以免服本身其他差徭。

元代的兵役制度，其方式則因民族不同而略有區別，對蒙古各部採用成年男子皆兵的辦法徵集士兵，其他民族實行軍戶制度。

蒙古各部十五歲至七十歲的成年男子，不分貴賤和家庭人口數量，都有服兵役的義務。成年男子平時從事牧業生產或其他工作，一旦戰爭需要，或者全體出征；或者「十人抽一」、「十人抽二」，抽調部分人出征。

元代訂立了專門的軍籍。入軍籍的人戶，就成為軍戶。在中原漢民戶中籤發的士兵，也都訂立了軍籍。列名漢軍軍籍的人戶，就是漢軍軍戶。凡被定入軍籍的人，按照朝廷的規定，不得改為其他戶計。

漢軍軍戶的籤發，是以民戶的財產和勞動力狀況為依據的。元代民戶分為上、中、下三級九等，軍戶一般來源於中戶。各軍戶的財力和丁口情況畢竟會有很大差別，針對部分軍戶無丁或無力服兵役的狀況，朝廷很快推行了正貼戶制度。

依據軍戶的不同情況，可以兩、三戶或四、五戶合出軍一名，出人當兵的戶就是正軍戶，又稱軍頭；其他各戶出錢資助，稱為貼軍戶。

正、貼軍戶由朝廷指定，不能隨意改變。如果正軍戶缺乏可以當兵的合適人丁，由有丁的貼軍戶頂替，正軍戶改為出錢資助。一旦正軍戶中有了合適的人丁，便要繼續出軍。

軍戶世世代代都要服兵役，不能改變。軍人如果在出征或出戍時逃亡，要到原籍勾，然後取他的兄弟子侄來頂替。朝廷所明令禁止探馬赤軍戶以奴隸代服兵役。

如果軍人在陣前戰死，本戶軍役可以存恤一年，病死者存恤半年，到期繼續出入服兵役。在戰爭期間，軍人沒有假期。戰爭結束後，軍人通常可以放還存恤一年或數年。

元朝廷還採取了「番直」或「更戍」即輪流休假的方法，給軍戶以休養的機會。但有些邊遠地區往來不便，更戍時間往往長得多，兩三年甚至六年才能休假一次。

作為軍戶承擔兵役的補償，朝廷在賦役方面對軍戶實行豁免和優待。漢軍軍戶和探馬赤軍戶從事農耕者，免繳四頃地的十二石稅糧。

軍戶制的實行，可以保證朝廷有穩定的兵源，又可以維持一支龐大的軍隊也使朝廷負擔不致過重。至元末農民戰爭前夕，軍戶制已經完全崩潰。

閱讀連結

蒙古向外擴張時，只是掠奪，不知賦稅為何物，更不知賦稅對於經營中原地區的巨大作用。

但是耶律楚材已經看到這一點並有了初步治理的計劃，他積極制訂賦稅徵收制度，加強對地方徵收賦稅官員及各位王公大臣的監督。

忽必烈即位後，秉承耶律楚材時期的賦稅制度，在舊制的基礎上明確規定繳納時期、收受之法，使之更趨完善，象徵對中原經濟模式農業經濟的認同。

可見耶律楚材在賦稅上的貢獻是前無古人的。

古代稅賦：歷代賦稅與勞役制度

近世時期 應時改化

近世時期 應時改化

　　明清兩代是中國歷史上的近世時期。這一時期，為了適應封建經濟發展和政治的需要，明清兩代都對賦稅制度進行大力改革。

　　明代內閣首輔張居正推行的一條鞭法，有利於農業商品化和資本主義萌芽的增長，是中國賦役史上的一次重大改革。

　　清代雍正帝推行的「攤丁入畝」，廢除了「人頭稅」，減少了封建朝廷對農民的人身控制，對中國的人口增長和社會經濟發展有重要意義。

▌明代賦稅制度及轉化

■ 明太祖朱元璋畫像

　　隨著經濟、政治的發展變化，明代的賦稅由賦役制向租稅制轉化，對人稅逐漸向對物稅轉化，從實物徵收逐漸向貨幣徵收轉化，從民收民解逐漸向官解轉化。

　　其間制訂的「魚鱗冊」和「賦役黃冊」，以及明代後期的「一條鞭法」，可以充分體現上述轉化與完善的過程。其「一條鞭法」新稅制，是中國賦稅制度繼兩稅法之後又一次重大的改革。

　　封建政權的基礎是土地和人民。朱元璋深諳此道，他在推翻元朝後，為增加財政收入，制訂了「魚鱗冊」和「賦役黃冊」，將全國的土地和人民編管起來，為朝廷納糧當差。

魚鱗冊是為徵派賦役和保護封建土地所有權而編制的土地登記簿冊。賦役黃冊又稱明代黃冊，是明代朝廷為核實戶口、徵調賦役而製成的戶口版籍。

魚鱗冊也稱「魚鱗圖」、「魚鱗圖籍」和「魚鱗簿」，是將田地山塘挨次排列、逐段連綴地繪製在一起，標明所有人甚至點，因其形似魚鱗而被稱為「魚鱗冊」。

明代魚鱗圖冊，就其所登記的項目而言，已是相當完備的土地登記冊。它的編制，使賦役的徵收具備了確實根據，多少防止了產去稅存或有產無稅的弊端，使朝廷稅收有了保證，耕地及稅額也有所增長。

魚鱗冊的編制，對於鞏固高度專制主義朝廷集權的經濟基礎，曾發揮了較大的作用。

除了透過魚鱗冊確定賦役基礎外，明代還制訂了「賦役黃冊」，核實戶口，以便徵調賦役。前者用於括地，後者用於括戶。

黃冊的前身是戶帖。戶帖備開籍貫、丁口、產業於上，以字號編為勘合，用半印鈐記，籍藏於部，帖給予戶。戶帖既是戶籍的根據，又是徵收賦役的憑證。黃冊是在戶帖的基礎上產生的。

明初戶口主要包括提供兵役的軍戶和提供賦役的民戶，另外有很多名目的賤民戶口，如手工業、煮鹽業和娛樂業方面的匠戶、灶戶和樂戶等。各種戶籍居民都有固定的住所，沒有「路引」也就是基層朝廷開具的介紹信，不得離開住所一百公里之外。

古代稅賦：歷代賦稅與勞役制度

近世時期 應時改化

民戶的情況都要登記在冊，這是賦稅的基本依據。於是，一三八一年正月，朱元璋以徭役不均，命戶部令全國郡縣編黃冊制度。

黃冊以戶為單位，詳細登載鄉貫、姓名、年齡、丁口、田宅、資產，並按從事職業，劃定戶籍，主要分為民籍、軍籍、匠籍三大類。

民籍除一般應役的民戶外，還有儒、醫、陰陽等戶。軍籍除一般供應軍役的軍戶以外，還有校尉、力士、弓、鋪兵等。匠籍登記手工業戶，向朝廷承應工匠差役以及廚役、裁縫、馬、船等。

此外，在南直隸、浙江、湖廣、江西、福建等田賦數額較多的省份，明代朝廷還陸續建立了糧長制度。

糧長的編派，大致是「以萬石為率，其中田土多者為糧長，督其鄉之賦稅」。

不久糧長還有了被稱為「區」的明確的地域管轄範圍，而「區」則是以「都」為基礎劃分的，根據稅糧數的多少，有的地方是一都設置一區或數區，有的地方則是數都合併為一區。

賦役黃冊的編制，使在冊之人都無例外地為朝廷擔負賦稅和徭役，在一定程度上解決了賦役不均的問題，增加了朝廷財政收入，有利於朝廷建設。

明代前期的田賦，分夏稅和秋糧，夏稅無過八月，秋糧無過明年二月。夏稅以麥為主，秋糧以米為主。但均得以銀鈔錢絹代納。例如，一石米或折銀一兩，或折錢千丈，或折

鈔十貫。麥的折算比米減五分之一。凡以米麥交納者，稱為本色，而以其他實物折納者，稱為折色。

徵收的稅率，一般通則，官田畝稅五升三合五勺；民田減兩升，即三升三合五勺；重租四八升五合五勺等。浙西地區土質肥沃，則稅率相應較高。

明代前期賦稅制度尚稱嚴整，但至明代中期時社會經濟狀況有所變化，大量田地迅速向地主手中集中。魚鱗冊和黃冊與事實不符，富戶權貴，田連阡陌而不納稅，貧苦農民往往地少而需納稅。

有的地方自行捏造簿冊，名叫白冊，破壞了賦役的依據。在這種情況下，挽救財政危機，重新清查土地和戶口，改革賦稅制度，已經勢在必行。

一五七八年，明朝廷根據張居正的建議，下令清丈全國的土地，包括有功勛的皇親國戚的莊田和軍屯在內。在清丈出土地實有數目後，一五八一年，朝廷通令全國實行「一條鞭法」賦稅制度。

張居正把當時各種名目的賦稅和勞役合併起來，並且折合銀兩徵收，稱為一條鞭法，又稱一條編法。具體有以下內容：

一、清丈土地，擴大徵收面，使稅負相對均平。針對當時存在的佔地多者田增而稅減的情況，只有從清丈土地入手，才能做到賦役均平。僅據部分清丈的結果就增加土地二億八千萬畝，使不少地主隱瞞的土地繳了稅。

　　二、統一賦役，限制苛擾，使稅賦趨於穩定。實行一條鞭法以前是賦役分開。賦以田畝納課，役以戶丁徵集，賦役之外還有名目繁多的方物、土貢之類的額外加派。

　　實行一條鞭法以後，全部簡並為一體。將役歸於地，計畝徵收；把力役改為僱役，由朝廷僱人代役。由於賦役統一，各級官吏難以巧立名目。因此，叢弊為之一清，使稅賦趨向穩定，農民得以稍安。

　　三、計畝徵銀，官收官解，使徵收辦法更加完備。一條鞭法實行後，不僅差役全部改為銀差，田賦除蘇杭等少數地區仍徵實物以供皇室食用之外，其餘也均已一律改徵折色，即折為色銀。

　　與此同時，賦役徵課也不再由里長、糧長辦理，改由地方官吏直接徵收，解繳入庫。從此，不按實物徵課，省卻了繳納儲存之費；不由保甲人員代辦徵解，免除了侵蝕分款之弊，使徵收方法更加完善。

　　就役銀由戶丁攤入地畝的比例而言，除明代晚期少數地區將役銀全部攤入地畝，戶丁不再負擔役銀者外，可以歸納為三類：

　　一是以丁為主，以田為輔，以州縣為單位，將役銀中的小部分攤入地畝，戶丁仍承擔大部分役銀；

　　二是按丁田平均分攤役銀，即將州縣役銀的一半攤入地畝，另一半由戶丁承擔；

　　三是以田為主，以丁為輔，即將州縣役銀中的大部分攤入地畝，其餘小部分由戶丁承擔。

一條鞭法新稅制，將明初的賦役制度化繁化簡，並為一條，並將徵收實物為主改為以徵收銀兩為主，即由實物稅改為貨幣稅，結束了中國歷史上實行了兩千多年的徵米之徵、布帛之徵和力役之徵稅制體系，可以說是中國賦稅制度繼兩稅法之後又一次重大的改革。

閱讀連結

中國著名歷史學家吳晗在《朱元璋傳》一書中，對朱元璋成了明代開國皇帝之後的種種表現作了實事求是而又比較辯證的分析。

朱元璋在建國之初做了很多事情，致力於安定社會。其中重要的是朱元璋採取減免賦稅，清丈田畝，與民屯田，開墾荒地，以及興修水利等措施，促使農村生產力的發展。他下令在他所控制的地區，凡桑、麻、穀、粟、稅糧、徭役，免徵三年。由此可見，朱元璋對明代稅役制度的建立造成了重要作用。

明代徵役機制的建立

近世時期 應時改化

■ 朱棣畫像

　　明代的魚鱗冊和賦役黃冊，充分證明了明代役法原則中存在著田土和人口與徭役之間的密切關係，朝廷按圖索驥，就可以完成大量徭役的征發。

　　在那些行之有效的行政機制管理下，里甲、雜泛、均徭和兵役，成為了明代徭役的主要項目。

　　明代推行的「一條鞭法」標誌著白銀貨幣化的最終完成，同時也表明徵銀是國家增加稅收的有效方法。

　　明王朝透過編制的魚鱗冊和賦役黃冊，根據具體的情況，採取相應的措施，既保證了朝廷稅收，又使徭役能夠正常征派。明初的徭役還是比較輕的。

　　透過魚鱗冊和賦役黃冊，查知人戶中躲避徭役的逃戶，督令逃戶復業，並免徭役一年；查知老弱不能歸鄉的，就地登記戶籍，授給田地，據田賦稅。

明代在徭役年齡方面的規定是，年十六歲為成丁，開始服役，六十歲始免。在徭役類別方面，主要有里甲、雜泛、均徭和兵役的徭役。

里甲是明代社會基層組織。城市中的里又稱坊，近城者則稱廂。每里人戶為一百一十戶。里甲制於一三七〇年開始在江南個別地區實行，一三八七年，經戶部尚書範敏倡議，推行於全國城鄉。

一里之中多推丁糧較多的十戶為里長，其餘百戶分為十甲，甲設甲首。里長對上級朝廷負責，管束所屬人戶，統計本里人戶丁產的消長變化，監督人戶生產事宜，調理里內民事糾紛，並以丁糧和財產多寡為序，按賦役黃冊排年應役。

里長之外，各里還設有里老人之職，負責教化、勸農以及對民間輕微案件的審理。

里甲制度下的里，依各地情況而不同。有的地方一里包括幾個村落，有的地方一個村落分成幾個里。

因為當時鄉村環境的差別，再加上各地方言的不同，所以里的名稱也隨各地情況而有差異，有不同的稱呼。例如，在北方里常稱為「社」，在福建也有稱里為「社」的特例。

以里甲為單位編派的徭役，稱里役或甲役，有正役和雜泛差役兩種。里甲正役是里甲人戶應當的重要差役。里甲正役主要任務包括以下三項：

一是徵收稅糧。稅糧包括夏稅和秋糧，分別在夏秋兩季依地畝由里甲負責催收。若里甲有逃亡人戶，稅糧照征，由里甲賠納。

　　二是辦理上貢物料。歷代沿襲，各地方以其物產上貢。明代天子及軍國所需等物料都來自里甲、科派民間。北方的府、州、縣上貢的比較少，南方尤其是江南地區比較多。如遇派納的物料非本地所產，里甲人戶必須出銀購買。

　　三是支應朝廷的公用。一些地方衙門中的聽使喚的皂隸，在監獄中看守罪犯的禁子、掌管官庫的庫子、管官倉、務場、局院的斗級等均出自里甲。

　　官員們的生活用具，學校生員的用項，鄉官的年例禮物、伕役，地方上的鄉飲酒禮費用，送生員赴考的路費，為進士和節婦建立牌坊，餽送過往官員，支應驛夫鋪陳酒食等，均由里甲備辦。

　　明代中葉後，隨著一條鞭法的實行，里甲正役逐漸攤入地畝，折銀徵收，雇募應役，里甲應役之法逐步廢棄，里甲逐漸失去其原來的作用。

　　雜泛是元明時期與正役相區別的徭役制度。雜泛主要是征發民夫從事造建官舍，治理河渠，修建城池，遞運官物等項力役。

　　雜泛差役的差充是根據資產和丁力進行的。由於官吏士紳的徭役可以優免，豪強地主可以買通官府，所以雜泛差役多由貧苦農民負擔。明代以民戶丁糧多寡、產業厚薄為基準，分別編簽人丁從事不定期的雜泛差役。

　　賦役黃冊定民戶為三等九級，凡遇徭役，發冊驗其輕重，按照所分上中下三等人戶當差。

此類雜泛差役，按服役對象，可分為京役、府役、縣役及王府役。

按服役性質，可分為官廳差遣之役如皂隸、門子、齋夫、膳夫等，有徵解稅糧之役如解戶、貼解戶、巡攔、書手等，倉庫之役如庫子、斗級等，驛遞之役如館夫、水手、鋪司、鋪兵、渡夫等，刑獄之役如禁子、弓兵、獄卒、防夫、民壯等，土木之役如民夫、柴夫、閘夫、壩夫、淺夫等。

隨著雜泛差役的征發日趨頻繁，明正統年間出現了均徭法。即定期編審，在賦役黃冊外另編均徭冊，以稅糧人丁多寡為基準均攤雜役。

均徭因其按戶等人丁編排，均納徭役，故稱均徭。一四三六年，江西僉事創行均徭法，將經常性差役從雜役中劃出，成為一種徭役制度，明弘治時在全國推行。凡省、府、州、縣衙門的雜色差役以及雜項勞役的折價，都屬均徭。

均徭以人丁、稅糧即丁糧多寡為基準來設定戶則，均派有雜役。

丁糧多者為上戶，編重差；次者為中戶，編中差；少者為下戶，編下差；一戶或編一差，或編數差，也有數戶共編一差的。

輪差次序常和里甲同時排定，十年或三五年一次。服役期在里甲正役滿後的第五年。

在具體實行上，南北方略有差異，南方以丁田為基準，北方以丁糧為基準。

近世時期 應時改化

　　均徭中有力差和銀差。弘治、正德年間，親身服役的，稱力差；由民戶分別供給或以貨幣代納的稱銀差。以後力役常以銀代納，於是銀差範圍日廣。

　　力差必須應役戶親身充役，後准許由應役戶募人代役。名目常見的有皂隸、獄卒、門子、馬伕、驛館夫等，多在近地承當，士紳有免役特權。

　　銀差行於弘治、正德年間，即應役戶繳銀代役，歲於均徭人戶內點差，每名折收銀若干，僱人充役。名目主要有歲貢、馬匹、草料、工食、柴薪、膳夫折價等，多由下戶承充，派在遠地。

　　衛所制為明代的最主要軍事制度，為明太祖所創立，其構想來自於隋唐時代的府兵制。

　　明代中期以後又有強使民為軍的方式，不過都屬於少數，衛所制仍然是最主要的軍制。

　　衛所由元代戶部尚書張昶最早提出。一三八四年，在全國的各軍事要地，設立軍衛。

　　一衛有軍隊五千六百人，其下依序有千戶所、百戶所、總旗及小旗等單位，各衛所都隸屬於五軍都督府，也隸屬於兵部，有事調發從徵，無事則還歸衛所。

　　衛所軍屯田是明代衛所兵制的一項重要內容。按規定，邊地軍丁三分守城，七分屯種；內地軍丁二分守城，八分屯種。

每個軍丁授田一份，由官府供給耕牛、農具和種子，並按份徵糧。洪武至永樂年間，全國軍屯約有八、九十萬頃。

除大量軍屯外，還實行商屯作為補助手段，即按開中法，由商人在邊地募人墾荒繳糧，以補充軍糧。由於實行了軍屯，軍糧有了保證，邊防也得到鞏固。

軍戶即戶籍種類屬於軍籍之戶，初期的來源，一是元代原本的軍戶；二是現役軍人之戶，這在一三八八年黃冊編造之後更加以確立。

軍戶為世襲，而且管理嚴格，除軍籍十分困難，大致上除非丁盡戶絕、家中有人成為高官或是皇帝赦免，是無法除軍籍的。後來有使因犯罪而充軍者入軍籍之方法，被稱作恩軍或長生軍。

軍戶的主要的義務，便是出一丁男赴衛所當兵，稱作正軍，其他的子弟稱作餘丁或軍餘，正軍赴衛所，至少要有一名餘丁隨行，以助其生活。

朝廷多給軍戶田地，而且正軍免全部差役，而在營餘丁及原籍下的一丁也可免差役，以保障其生活並供給正軍之生活。如影響所有民間祕密宗教的羅教創始人羅清，本是一名戍軍，後來找人頂替之後，才離開軍伍。

軍丁的分發地點，多以距離原籍地遙遠且分散的方式。正軍服役於衛所，可以帶妻同行，以利於安定生活並生兒育女。每個軍人有房屋、田地，每月有固定的月糧，但實際情形則常分配不足，行軍時則發給口糧，衣裝則須自備，武器則由朝廷以工匠生產。

軍士在營，分成守備和屯田兩部分，比例不定，按時輪流，屯田固定上交糧食，以供給守備軍及官吏，其目標在養兵而不耗朝廷財力。

明宣宗以後，衛所官侵佔軍屯田地、私役軍士耕種之事，已經常發生，這個目標漸難以達到。

至明嘉靖時期，加上邊患嚴重，急需兵力，朝廷改用募兵制。

募兵有挑選的餘地，完全有條件選擇青壯年。募兵不同於衛所軍，不世襲，來去相對自由。募兵的薪餉比衛所軍高出一倍甚至幾倍。

募兵來自百姓，兵源豐富，缺額可以隨時募補，保持軍隊滿員；不需要可以隨時裁減，節省軍費。總之，募兵制更有利於建立一支能征善戰的精銳部隊。

閱讀連結

明太祖朱元璋曾深以衛所軍的屯田為榮，曾誇口說：「吾養兵百萬，不費百姓一粒米。」

明代開國以後，明太祖把軍隊任務分為兩個部分：一部分守禦操練，稱操守旗軍，是戰鬥部隊；一部分下屯耕種，稱屯種旗軍，是生產部隊。

朝廷分配給生產部隊足夠的荒閒國有土地，此外，耕牛、農具、種子也由朝廷供給。屯種旗軍既為朝廷生產了大量糧食等策略物資，又完成了戍邊任務。

清代定額化賦稅制度

■ 清朝康熙皇帝朝服畫像

清朝廷透過從康熙「滋生人丁永不加賦」到雍正「攤丁入地」的賦稅改革，建立起完備的賦稅制度。

清代的田賦、火耗、平餘、攤丁入畝等制度，體現清代在賦稅應徵額及簡化賦稅項目方面的一系列原則，有助於朝廷的賦稅收入和徵解行為，使得朝廷業已固定的總額更易徵足。

從財政收入的組織功能上看，清代賦稅制度呈現出鮮明的定額化特點。

清代前期的賦稅制度，包括田賦、火耗、平餘等。

近世時期 應時改化

清代對朝廷國有土地及因事沒收的田地由朝廷經理，租給農民耕種，實行定額租制，租額為上地三分、中地兩分、下地一分。不繳田賦，田丁也多免徭役。

清初田賦稅率沿用前朝科則，用銀兩計算：沙鹼地、窪地、山坡及墳地畝徵一分至三分；耕地每畝兩分至四分；園地每畝四分，官收官解。

一七五三年，乾隆分田賦為三則，每則又分為三等，共為九等，歷朝大致相同。

火耗又叫「耗羨」，是把實物換為銀兩後，因零碎銀熔鑄成整塊上繳時有損耗，因此，在徵收田賦時加徵火耗一項。

在火耗的實行過程中，雍正年間採取了透過定火耗以增加各級地方官薪的重要措施。清初承明舊制，官至極品俸銀不過一百八十兩、祿米一百八十斛，七品知縣年俸僅四十兩。

一七二四年，雍正降旨實行耗羨歸公，同時各省文職官員於俸銀之外，增給養廉銀。各省根據本省情況，每兩地丁銀明加火耗數分至一錢數分銀不等。耗羨歸公後，作為朝廷正常稅收，統一徵課，存留藩庫，酌給本省文職官員養廉。

耗羨歸公改革措施集中了徵稅權力，減輕了人民的額外負擔，增加了外官的薪給，對整頓吏治，減少貪汙有積極作用。

收稅時，每正稅銀兩百兩，提六錢的附加稅，以充各衙門之用。平餘為清代地方朝廷上繳正項錢糧時另給戶部的部分。一般來源於賦稅的加派，也有另立名目加徵的。

隨著商品經濟的發展，清朝廷需要的貨幣數量日益增多，於是朝廷對田賦等除了徵收部分糧食之處，其餘徵收貨幣。

清代中後期實行「攤丁入畝」賦稅制度。這是清代賦稅制度的一項重大改革。

攤丁入畝的具體做法：一是廢除以前的「人頭稅」，將丁銀攤入田賦徵收；二是繼續施行明代時的一條鞭法，部分丁銀攤入田畝徵收，部分丁銀按人丁徵收，攤丁入畝後，地丁合一，丁銀和田賦統一以田畝為徵稅對象。

攤丁入畝的實施，使得無產者沒有納稅負擔，而地主的負擔增加，對於清代人口的持續增加、減緩土地兼併，有利於調動廣大農民和其他勞動者的生產積極性，促進社會生產的進步，以及促進工商業的發展有一定的作用。

清前期的工商稅包括鹽、茶、礦等，既徵稅又有專賣收入。

清前期鹽稅收入較多，鹽法主要採取官督商辦、官運商銷、商運商銷、商運民銷、民運民銷、官督民銷、官督商銷等七種形式。各省鹽政，多由總督巡撫兼任，還有都轉運鹽使，司運使，鹽道，鹽課提舉司等，官制比較複雜。

清前期的鹽法種類雖多，但行之既廣而且久的是官督商銷，即引岸制，也稱綱法。綱法規定灶戶納稅後，才允許製鹽。所制之鹽不能擅自銷售。

鹽商納稅後，領得引票，取得販運鹽的專利權。稅收管理機關將運商的姓名，所銷引數、銷區在綱冊上註冊登記。

　　清鹽引岸制本沿襲前代鹽法，只是在清代更加成熟。所謂「引」，是鹽商納稅後准許販運的憑證。由戶部頒發的稱為部引。所謂「岸」，是指銷鹽區域，即引界、引地，是專賣地域之意。

　　清代初期的鹽稅較輕，主張蠲免，後來的稅額有所增加。

　　清代鹽稅，分灶課、引課、雜課、稅課、包課。

　　灶課是對鹽的生產者所徵的課。主要是對製鹽人即灶人課人丁稅，既按丁徵銀，又按丁徵鹽；對於曬鹽的鹽灘，按畝徵土地稅。

　　引課是按鹽引徵的稅，這是鹽稅的主要部分。雜課也叫附加稅，是衙門官吏的超額徵收。

　　稅課和包課，施行於偏僻地方的產鹽地。對這些地區，許民間自制自用，朝廷課以稅銀。有的還把鹽稅攤入田賦，或由包商交納一定數額的稅，然後自行收納。

　　清代初期，沿用明代茶法。官茶用於邊儲和易馬，貢茶供皇室用。官茶徵收實物，大小引均按二分之一徵納。

　　在陝西，甘肅一帶交換馬匹，設專員辦理，稱為巡視茶馬御史。交換比例是：上馬給茶十二篦，中馬給九篦，下馬給七篦，所換的牧馬給邊兵，牝馬付所司牧孳。

　　當時的十斤為篦，十篦為一引。清統一後，馬已足用，於是官茶的需要減少，而茶稅的徵收漸有定制。其他各省納課輕重不一。

礦稅也是清朝廷的稅收項目之一。清初禁止開礦，乾隆年間，大力開礦。當時雲南、貴州、廣東、廣西、四川、湖南、浙江、福建、山西等有金、銀、銅、鐵、鉛礦約兩百餘處，嘉慶道光年間，又令禁止開採金礦，銀礦也禁一部分，至咸豐時方開禁。

由於在採礦問題上，時禁時開，礦稅的徵收，在不同時間，不同地方輕重不同。

一六八〇年，各省開採的金銀，四分解部，六分抵還工本。

一六八二年，定雲南銀礦官收四分，給民六分。

一七一三年，定湖南郴州黑鉛礦，取出母銀，官收半稅。

一七二〇年，貴州銀鉛礦，實行「二八」收稅，即收取百分之二十。雍正以後，大半按「二八」定例收，即官稅五分之一，其餘四份發價官收，另四份聽其販運。

清代前期禁止釀酒販賣，故不對酒徵稅。許可釀造時，酒稅收入也不列入朝廷財政收入。

一七五七年，乾隆令地方官發執照，徵酒稅，一七八〇年，奏準杭州按照北新關收稅，酒稅是很輕的。

清代鴉片戰爭以前的內地關稅，即後世所謂常關稅，包括正稅、商稅、船料三種。正稅在產地徵收，屬貨物稅；商稅從價徵收，屬貨物徵透過稅。船料沿襲明代的鈔關，按船的樑頭大小徵稅。

古代稅賦：歷代賦稅與勞役制度

近世時期 應時改化

清前期常關，分設戶、工兩關。戶關由戶部主管，如乾隆時期京師的崇文門，直隸的天津關，山西的殺虎口，安徽的鳳陽關，江西九江關，湖北的武昌關等四十多個關。

工關主要收竹木稅，工關由工部主管，關稅收入供建造糧船及戰船、修繕費之需。但有的關，如盛京渾河、直隸的大河口、山西殺虎口等關，由戶關兼辦。

清初的地方常關組織，有特設監督的，有以外官兼管的，也有由督撫巡道監收的。內地關稅隸屬關係不甚統一。

稅制方面，清初比較嚴謹。比如：罷抽稅溢額之利，以減輕稅負；議準刊刻關稅條例，豎立刊刻告示的木牌於直省關口孔道，曉諭商民；還屢次制訂各關徵收稅則，劃定稅率標準。但到了乾隆初年，已出現私增口岸，濫設稅房之事，常關積弊又出現。

常關稅率，依雍正、乾隆年間戶部慣例，以從價百分之五為標準，但未能貫徹。各關自定稅率，一般說來都以貨物透過稅為主，還有附加及手續費。

一六八四年，清朝廷取消海禁，准許外商到廣州、漳州、寧波和雲台山四個口岸進行貿易。由於西方海盜商人的違法行為，清朝廷決定取消其他幾個通商口岸，只許在廣州一口通商，直至中英《南京條約》簽訂，情況才發生變化。

清初的對外貿易，沿襲明代的各項貿易制度。康熙令開放海禁後到鴉片戰爭以前，來中國貿易的國家主要有英、法、荷蘭、丹麥、瑞典等，其中英國佔主要地位。

海關徵稅，分貨稅和船鈔兩部分。貨稅徵收無一定稅則，除正稅之外，另徵各項規銀及附加，一般說來，正稅較輕，但外加部分有時竟倍於正額。

一六八九年頒行的海關徵收則例分衣物、食物、用物、雜物四類課稅，進口稅率為百分之四、出口稅為百分之一點六，均係從價，按物課稅外，每船徵銀兩千兩，此為噸稅之始。

一七二八年，又定洋船出入期及米糧貨物之數，司關對於外商入口所攜貨物現銀，另抽一分，叫繳送。

一七五七年，西洋船到定海，為抵制外貨，浙江海洋船稅加增了近一倍多。

清前期的海關主權完整，但徵稅於行商。外商來關貿易必須經官方核準的行商間接代售。行商藉以居中牟利，於售價每兩徵銀三分作為行用。而外商以公開行賄的手段，進行大規模走私，使朝廷關稅損失嚴重。

落地稅是商人購得貨物到店時所徵的稅。清前期落地稅，全國沒有統一稅法，由地方官隨時酌收，無定額。一般來說在各市集鄉鎮，附於關稅徵收。其收入之款交由地方留作公費，不入國稅正項。

牙稅是牙行或牙商徵收的稅。牙行和牙商是當時城鄉市場中為買賣雙方說合交易或代客買賣貨物抽取傭金的中間商人。

牙帖稅率，因地區而異，一般依資本或營業額分為數級，如江西規定上級納銀三兩，中級納銀二兩，下級一兩；湖北

規定上級納銀二兩，中級一兩，下級五錢。偏僻村鎮，上級一兩，中級五錢，下級三錢，納銀多少因負擔能力而異。

除牙帖稅外。還要交年捐，即牙行開業之後，每年分兩期，依營業額大小分等，稅銀約五十兩至一千兩之間。

當稅為清初所創，係當鋪營業稅，當稅由當帖而生。一般當鋪或小抵押鋪，於領取當帖獲得營業許可權時，需繳當稅，每年一次。

一六五二年，制訂當鋪稅例，各當鋪每年課銀五兩。

一六六四年，規定依照營業規模大小年納銀五兩、三兩、二點五兩不等。

契稅也稱為田房契稅，是對買賣典押土地房屋等不動產所課的稅。清初只課買契，不課典契，後來，漸及典契。

一六四七年規定，民間買賣土地房屋者，由買主依賣價每一兩課稅銀三分，官於契尾鈐蓋官印為證。

一七二九年，規定契稅每兩納三分以外，加徵一分作為科場經費。稅契之法，此法稅率，買契為百分之九，典契為百分之四點五。

除上述各稅外，還有牲畜稅、車稅、花捐、燈捐等。各省新設立的名目大致相同。

閱讀連結

康熙年間，蘇州一帶紳士逃稅之風甚烈，涉及者有上萬人。為此，康熙皇帝下令一律取消功名，其中有兩、三千人交刑部議處。

有一個學子考中了「探花」，但他欠稅折銀一兩，被官府發現。他給皇帝上書求情：「所欠一厘，準令制錢一文。」

這位學子原想會得到恩準的，沒想到康熙皇帝還是照樣除了他的功名。這事在江南一帶成了一句民謠：「探花不值一文。」並四處流傳，偷漏稅者莫不驚恐。

從此以後，再無這種事情發生了。

清代獨特的旗人兵役

■ 努爾哈赤畫像

近世時期 應時改化

　　清代徭役中最有特色的是旗人的兵役，以及由旗人構成的八旗軍。

　　清代以旗人為主要兵源構成的八旗軍，最初具有行政、軍事、生產三種職能。

　　八旗人平時為民，戰時為兵，這是一種軍政合一的部落兵制。在清王朝統一全國後，又以漢人為基礎組成了「綠旗軍」，充實了兵力。

　　一六一五年，努爾哈赤將滿族、蒙古族、漢族力量編成八個旗，分別用正黃、正白、正紅、正藍、鑲黃、鑲白、鑲紅、鑲藍八種色旗作標誌。這是八旗制度的初建，被稱為「滿八旗」。

　　所謂八旗制度，是一種軍政合一，兵民合一的部落兵制。

　　八旗制度是努爾哈赤在統一女真的過程中創造的滿族社會制度。它是在牛錄製的基礎上發展起來的。牛錄製原是女真人集體狩獵的一種形式。八旗打破了原來分裂的局面，使得努爾哈赤直接掌管八旗。

　　皇太極繼位後，為擴大兵源，在滿八旗的基礎上又創建了蒙古八旗和漢軍八旗，其編制與滿八旗相同。滿族、蒙古族、漢族八旗共二十四旗，構成清代八旗制度的整體。

　　事實上，在滿洲、蒙古、漢軍八旗內，除了滿族、蒙古族和漢族以外，還有其他民族的人。不同民族的成員長期生活在八旗制度下，他們也都被稱作「旗人」。

旗人是清代八旗兵之主要來源。清代規定，凡十六歲以上的八旗子弟，「人盡為兵」，世代相襲。而且每旗下屬的眾佐領通常都是世襲職位，健銳營的軍職也是滿族世襲。

　　清朝廷禁止旗人從事農、工、商各業，當兵成為旗人唯一正當的職業。其所居之地若未經朝廷調換都是固定的。比如滿城就是旗人集中居住的地方。當時的旗人擁有一定的地位。

　　清入關以後，八旗軍又分作兩種旗軍，即禁旅八旗軍和駐防八旗軍。

　　禁旅八旗是八旗兵中留駐京城的部分，是禁衛軍性質的部隊。在這支禁衛軍中又可以分為郎衛和兵衛兩種。郎衛又稱親軍營，主要負責保衛宮廷和作為皇帝的隨從武裝，是皇帝身邊的親軍。兵衛主要負責衛戍京師的工作。

　　駐防八旗是清朝廷分別派遣在全國各地的武裝力量。綠營僅有極少數駐京師，稱巡捕營，隸屬八旗步軍營統領。其餘分屯各省，依所轄地域之大小、遠近、險要和人口的多少確定兵額。

　　除了原有的滿、蒙、漢軍八旗兵外，清朝入關後還組建了綠營兵。綠營兵初時多是入關後改編的明軍和新招的漢人部隊，以後補充的兵員則是由應募而來的，是一種僱傭兵。

　　清朝廷為確保軍隊穩定和具備較高的戰鬥力，陸續建立起一系列的兵丁挑選、演練、糧餉等完備的制度。八旗軍隊中的兵丁是從各旗中的壯丁中挑選的，挑選兵丁俗稱挑缺，被選中的稱為披甲，成為一個正式八旗兵丁。

古代稅賦：歷代賦稅與勞役制度

近世時期 應時改化

八旗兵和綠營兵都實行薪給制，按年或月發一定的銀餉和米糧。每月錢糧由朝廷供給，號稱「旱澇保收」的「鐵桿莊稼」。

康熙年間定制：前鋒、護軍、領催，月餉四兩，馬兵三兩，年餉米四十六斛，合二十三石；步兵領催月餉二兩，步兵一點五兩，年餉米二十二斛，合十一石，出兵時另有行糧。八旗兵的薪餉和武器裝備均優於綠營兵。

清朝廷視水師為陸軍之輔。加之滿洲以騎射為本，故不善水戰。

一六五一年，順治帝令沿江沿海各省循明制，各設水師，其編制與陸軍一致。此為清設水師之始。

清軍在平定叛亂、保衛國防等方面發揮了重要作用。如平定三藩之亂，遠征臺灣，於雅克薩戰役擊敗俄國，平定噶爾丹等。乾隆時，更有所謂「十全武功」，清代軍事力量達到極盛。

一八四〇年鴉片戰爭以後，曾國藩在湖南募團丁為官勇，訂營哨之制，糧餉取自公家，稱湘勇或湘軍，是鄉團改勇營之始。後來又有新建陸軍、自強軍代之而起。因其武器裝備全用洋槍洋炮，編制和訓練仿西方軍隊，故稱新軍。由於辛亥革命爆發，新軍隨清亡而終。

閱讀連結

皇太極執政之初，在治國安民上展現了非凡的才能。

他首先提出了「治國先要安民」的總方針。安民的重點在安撫漢人。皇太極採取「編戶為民」的政策，讓一部分為奴的漢人恢復自由，成為個體農民。

　　同時，把漢人從滿人中分開，自立一莊，用漢人管理，以減少或杜絕滿族貴族的直接壓迫。他又派人丈量土地，把各處多出來的土地歸公，不許再立莊田。皇太極的措施，既緩和了民族矛盾，又解放了生產力。

國家圖書館出版品預行編目（CIP）資料

古代稅賦：歷代賦稅與勞役制度 / 易述程 編著 . -- 第一版 .
-- 臺北市：崧燁文化 , 2020.04
　　面；　 公分
POD 版

ISBN 978-986-516-117-0(平裝)

1. 田賦 2. 租稅 3. 中國

567.38　　　　　　　　　　　 108018518

書　　　名：古代稅賦：歷代賦稅與勞役制度
作　　　者：易述程 編著
發 行 人：黃振庭
出 版 者：崧燁文化事業有限公司
發 行 者：崧燁文化事業有限公司
E - m a i l：sonbookservice@gmail.com
粉 絲 頁：　　　　　 網 址：
地　　　址：台北市中正區重慶南路一段六十一號八樓 815 室
8F.-815, No.61, Sec. 1, Chongqing S. Rd., Zhongzheng
Dist., Taipei City 100, Taiwan (R.O.C.)
電　　　話：(02)2370-3310 傳　真：(02) 2388-1990
總 經 銷：紅螞蟻圖書有限公司
地　　　址: 台北市內湖區舊宗路二段 121 巷 19 號
電　　　話:02-2795-3656 傳真:02-2795-4100　　 網址：
印　　　刷：京峯彩色印刷有限公司（京峰數位）
　　本書版權為千華駐科技出版有限公司所有授權崧博出版事業有限公司獨家發行
　　電子書及繁體書繁體字版。若有其他相關權利及授權需求請與本公司聯繫。
定　　　價：250 元
發行日期：2020 年 04 月第一版
◎ 本書以 POD 印製發行

獨家贈品

親愛的讀者歡迎您選購到您喜愛的書，為了感謝您，我們提供了一份禮品，爽讀 app 的電子書無償使用三個月，近萬本書免費提供您享受閱讀的樂趣。

ios系統

安卓系統

READERKUTRA86NWK

ios 系統　　　　　安卓系統　　　　　讀者贈品

先依照自己的手機型號掃描安裝 APP 註冊，再掃「讀者贈品」，複製優惠碼至 APP 內兌換

優惠碼（兌換期限 2025/12/30）
READERKUTRA86NWK

讀 APP

- 多元書種、萬卷書籍，電子書飽讀服務引領閱讀新浪潮！
- AI 語音助您閱讀，萬本好書任您挑選
- 領取限時優惠碼，三個月沉浸在書海中
- 固定月費無限暢讀，輕鬆打造專屬閱讀時光

用留下個人資料，只需行動電話認證，不會有任何騷擾或詐騙電話。